聪明投资者避险指南

艾宜　闫文涛 ◎ 著

人民日报出版社

北京

图书在版编目（CIP）数据

聪明投资者避险指南 / 艾宜，闫文涛著 . — 北京：
人民日报出版社，2024.7

　　ISBN 978-7-5115-8300-0

　　Ⅰ.①聪…　Ⅱ.①艾…②闫…　Ⅲ.①投资－指南
Ⅳ.① F830.59-62

　　中国国家版本馆 CIP 数据核字（2024）第 104053 号

书　　　名：聪明投资者避险指南
　　　　　　CONGMING TOUZIZHE BIXIANZHINAN

著　　　者：艾　宜　　闫文涛

出 版 人：刘华新

责任编辑：蒋菊平　　南芷葳

版式设计：九章文化

出版发行：人民日报出版社

社　　　址：北京金台西路 2 号

邮政编码：100733

发行热线：(010) 65369509　　65369527　　65369846　　65369512

邮购热线：(010) 65369530　　65363527

编辑热线：(010) 65369528

网　　　址：www.peopledailypress.com

经　　　销：新华书店

印　　　刷：大厂回族自治县彩虹印刷有限公司

法律顾问：北京科宇律师事务所　　010-83622312

开　　本：880mm×1230mm　　1/32

字　　数：145 千字

印　　张：8

版次印次：2024 年 7 月第 1 版　　2024 年 7 月第 1 次印刷

书　　号：ISBN 978-7-5115-8300-0

定　　价：45.00 元

每个人都有"一夜暴富"的梦想，但现实是很少有人能通过投资理财实现暴富。对老百姓来说，真正重要的事情反而是在投资理财的过程中不亏钱、少"踩雷"。金融投资专业性很强，《聪明投资者避险指南》这本书深入浅出，在固定收益、股票、基金、保险、黄金等多个细分领域中游刃有余，用生动的语言、翔实的数据、丰富的案例为广大投资者提供了投资避险的"十八般兵器"。《聪明投资者避险指南》体现了两位作者的社会责任意识，这也是金融从业者应该具有的珍贵品质。

——陈彦斌　首都经济贸易大学副校长、长江学者特聘教授

做好投资重要的是保持实力，聪明投资者能在风险和收益的博弈中实现长期均衡。识别和管理投资风险，是保存实力的最重要因素。投资的旅途并不平坦，风险就像是一头潜伏在丛林中的凶猛野兽。它静静地等待着，观察着每一个过路的投资者。一旦放松警惕，这头野兽就可能会突然跃出，给你带来巨大的损失。《聪明投资者避险指南》将传授你如何像猎人一样敏锐地观察、

冷静地分析不同类别投资的风险，找到这头野兽的踪迹，避开它的攻击，从而安全地继续你的投资之旅。

——毛振华　中国人民大学经济研究所联席所长、中诚信集团创始人

在这个金融产品琳琅满目的时代，许多投资者因缺乏必要的金融知识与风险意识，不慎踏入投资陷阱，损失惨重。《聪明投资者避险指南》正是这样一本及时雨般的著作，以深入浅出的方式，系统地解析了各种金融资产的特性与"脾气"，强调了风险管理的重要性，并帮助大家装上投资"避雷针"，从而在变幻莫测的投资市场中稳操胜券，成为真正的聪明投资者。让我们一起翻开这本书，开启一段智慧而安全的投资之旅吧！

——马靖昊　《新理财》杂志社社长兼总编辑

投资理财没有捷径，需要老老实实从基础学起方可入门。开卷并非一定有益——当前，形形色色的投资理财普及读物和"财商教育"课程充斥线下和线上，但多数缺乏专业性而不具有学习价值，部分因为价值观偏差甚至是有害的。而此书两位作者具备较扎实的经济学理论功底，又在金融部门有着丰富的实践经验，无疑是十分难得的。全书案例丰富，数据翔实，娓娓道来却又不失专业水准，我愿意认真地推荐给大家。

——董希淼　招联首席研究员、复旦大学金融研究院兼职研究员

10 多年前，我还在证券公司做分析师，工作内容之一就是到全国各地的证券营业部去给股民讲课。来听课的许多人都是白发苍苍的老者，课程结束后，他们会围在我面前，不算熟练地在手机上点开炒股软件，然后略微不好意思地说：

"老师，我这只股票被套住了！您帮我看看，它有机会涨回来不？"

我知道他们期待得到什么样的答案，可我却无法回答。一是因为有执业规定，分析师不能就个股直接向投资者发表意见；二是我是真的答不上来。

这些股票中，有的自买入时已经跌了百分之六七十；有的我连名字都没听过，主营业务平淡无奇，经营业绩乏善可陈；有的已经挂上 ST(Special Treatment，特别处理）了，甚至离"面值退市"不远。而问到他们为什么要买这些股票的时候，多半是说"别人推荐的"或者"据说要重组"。当他们失望离去的时候，我的心里有点难受。

中国经济高速发展了这么多年，老百姓的生活越过越好，手中有闲钱后投资理财意识觉醒是很正常的事情。而几乎所有人都已经知道，像古时候那样把银子藏在罐子里，在后院挖个洞埋起来肯定是不行的。如果钱放着不动，就会越来越不值钱。

一个"财商教育"大流行的年代就这样到来了。到处都充斥着"你不理财，财不理你"的声音，各路"大V"都争着给我们讲彼得·林奇、格雷厄姆、巴菲特的传奇故事。好像只要懂一点投资，就能够轻而易举地走上财富自由之路。

可绝大多数人能看得到传奇的万丈光芒，却看不到在一轮又一轮金融风险面前，个体将会多么脆弱。几个传奇大师的脚底下，是多得数不过来的无名枯骨。

我们不知道的也许是这样一些现实。

2007年10月，上海证券交易所新增了177万个股票账户，相当于2006年全年新增股票账户数的1.17倍。而这个月，上证综指达到6124点的历史巅峰，之后就是长达1年的大熊市。这意味着，很可能有177万个投资者会在这1年里血亏。同样的剧情，在2015年又来了一次。

2022年底，我国一共有3000多个公募基金经理，但最近10年实现10%年化收益率的"双十"基金经理，只有50多个。2022年，在1.7万只有收益数据的公募基金中，有1.1万只的年收益率为负数；但这并没什么好奇怪的，因为这一年里有高达23%的银行理财产品都赔钱了。

过去 10 年间，曾经有很多金融产品因为其高收益率一度是大众投资者眼中的"香饽饽"，比如 P2P、分级基金、房地产信托理财等，峰值规模均在千万亿之巨，而也不过是 10 年的光景，这些产品都已经或者将要告别历史舞台，已没人再提起它们。

2015 年，我从证券公司离职时，被老板叫到楼上去聊天，印象最深刻的一句话就是："不理解风险，不能说真正会干金融。"那时我已经做了 6 年的证券分析师，每天做得最多的事情就是听上市公司"画饼"。而关于风险究竟长什么样子，其实并不是很明白。

后来机缘巧合从事风险工作了，开始接触许多的企业、机构、个人，他们无一不在挣扎着前行，却多半会在市场的波涛里悄然逝去。我听到最多的声音，是一声"如果当初……"的叹息。但我同时发现，80% 以上风险事件的产生，并不是因为当事人能力不足，而是因为犯了非常幼稚的、本不应该犯的错误。要防止这些错误发生，也丝毫不需要高深的金融专业知识，只需要最基本的常识。

西装革履、头发锃亮的投资专家，很少会在投资者旁边哪怕只是提醒一声，他们只醉心去讲"财富传奇故事"。可是，投资赚钱这件事情，是在直播间里花九元九毛钱买一个课程、加一个微信群就能够学得会的吗？

作为一个金融工作者，我觉得最需要思考的问题是自己工作的意义何在。

在我看来，告诉大家在投资时什么事情不应该干，比告诉他们应该干什么要更重要，而且前者性价比更高。可现实就是这么矛盾，更重要也更容易的事情很少有人去做，难而不靠谱的事情大家都争着去搞。

到今天，我已经在金融行业度过 15 个年头，而我自知对于投资这件事情，也只是比普通人专业一点点而已，这"一点点"并不足以让我告诉读者朋友们该如何"从零起步成为百万富翁"，或者"走上财富自由之路"。所以，我只能做简单的事情。我和闫老师的这本书，将尝试去打开投资路上花团锦簇之下的陷阱，去激发我们内心深处怀疑陌生失误的本能，希望以后问"我的股票怎样解套"的人越来越少。

记得电影《头号玩家》中有一个情节——为了打开"绿洲"世界的宝藏，必须通关一条竞速赛道才能拿到"钥匙"，但这条赛道上有一个无比强大的怪兽，再厉害的车手，也没法到达终点。最后，主角选择向后行驶，并成为第一个通关者。这是一个关乎人生选择的命题，但对投资来说同样适用。

向黯淡、无人之处逆向探索，将是每一个投资者走向专业、成熟的开始。

艾宜

2023 年 12 月 31 日

作者
序二

　　20余年前的我，被"经世济民"这句话所触动，从小城来到北京，大学攻读的是经济学专业。必修课里有黄达老校长主编的核心课《货币银行学》，这为我毕业后从事金融行业工作打开了一扇大门。但当时的我并没有意识到这一点，而是将更多的时间花在了经济学理论的研究上。我时常站在大学通宵自习室远望灯火阑珊的图书馆，怀揣着当一名经济学者的梦想。

　　彼时国内的金融处于初级发展阶段，来自小城的我自然见识尚浅；一谈到金融能联想到的，是老气横秋的银行柜员、巧舌如簧的保险推销以及大起大落的资本市场。"金融"两个字，要不守旧无聊，要不花里胡哨。不论哪种感受，我都觉得金融离自己的现实生活比较遥远，更别提任何金融投资了。

　　但即便主要研究经济学理论的我，在各种资料的收集和大量文献的查阅过程中，也很快意识到伴随经济的飞速增长，金融迎来了全面高速发展的时期。更重要的是金融投资离生活越来越近，周围用零散钱炒股买基金的同学多起来，大家赚到小钱的时候，会去食堂打饭给自己加个鸡腿，开始有了"闲钱理财"意识。

时至今日，金融市场百花齐放，银行保险基金等都成了专业的代名词，投资理财的观念更是深入人心，我们迎来了全民理财时代。大江南北、大城小镇，大家普遍对"钱怎么能再生钱"兴趣盎然，还很可能顺带抱怨几句"前段时间投了个××踩到了坑"。

的确，经过多年的发展，资本市场不仅产品多样，而且给不少人实际创造了不薄的收益。金融投资不再是那个花里胡哨、虚无缥缈的名词概念，而是和我们的生活息息相关。年长的朋友希望增加点底气让退休生活更宽裕，中年的朋友希望增加第二收入养家糊口，年轻的朋友希望"生"出来的闲钱能丰富自己的旅游消费。

但天下从来没有免费的午餐，投资带来收益的同时也不可避免存在风险。大众朋友们在投资时，往往因为投资产品基本概念的缺乏，在某些产品阶段性收益丰厚的时候，并没有很好识别基本的风险就上船，投资了不适合自己的错误产品，甚至从一艘错误的船又跳上另外一艘错误的船，从而或主动或被动成为一波波韭菜。

缺乏对投资产品基础情况的了解，不知道收益和风险在哪里，是大众投资者成为一波波韭菜的核心原因。我也一直在思考，自己能为此做点什么。

博士毕业后，我并未成为自己所设想的经济学者，而是直接投身到了金融实践中。10多年来，经济学理论的多年训练让我学会通过本质看事物，而金融工作也在很大程度上提升了我个人的实践能力。但我也会时常在夜深人静时，想起当初那盏"经世济民"的灯光。如果能出版一本投资科普类的图书，以浅显易懂的产品和案例分析，让更多人能从书中介绍的投资方法、避险手段中受益，那也是一种"经世济民"，也算是一定程度上实现了自己20多年前的梦想。

　　艾老师的想法和我不谋而合，于是我们很快就开始构思、动笔和成稿。我们认为投资更重要的是保持实力，聪明投资者能在收益和风险的博弈中实现长期均衡。这本书中很多投资方法的介绍，结合了过去一两年的市场和产品变化来展望未来，紧跟实际，大众投资者能迅速上手，实用性和可操作性强。希望读完本书的朋友，再次遇到某类投资产品时，能很快联想到我们在书中提到的收益和风险比较方法，成功投资和避坑，和做韭菜说再见，成为格雷厄姆笔下的"聪明投资者"。

闫文涛

2024年1月4日

目录

前　言

"提前退休" 的梦想还有多远?

很多上班族都会向往退休生活。每天醒来不必着急去刷牙洗脸换工装，而是躺在床上聆听世界的声音，等待生活中突如其来的惊喜。这是多么的惬意啊！

可对普通人来说，等待退休有两个明显的 bug，一是退休的时间太晚了，二是就算退休了，退休金也不见得够花。

如果关注国际新闻，我们会发现 2023 年法国人特别爱游行，一个只有 7000 万人口的国家，动不动 100 万人就上街了，其中一个重要的导火索，是 2023 年法国政府为缓解养老金体系的压力，决定把退休年龄延迟到 64 岁。可法国还不是全球退休年龄最晚的国家，美国的法定退休年龄是 65 岁。早在 10 年前，德国就将退休年龄提高到了 67 岁。丹麦、荷兰、意大利、日本等国家甚至有计划将退休年龄延长至 70 岁以后。

关于退休太晚的困窘，我们也感同身受。当我们身陷"996"，上班时被人潮夹着走，下班被冻成一个球时，我们不禁会问自己——这样的生活真的是我想要的吗？尤其是一想到这样的生活还要持续二三十年，就会感觉到一种"一眼就能望到尽头"的绝望。

我们使劲地奔跑，每一分每一秒都在坚持，可我们为什么坚持呢？我们是要坚持到终点，然后去面对一个白发苍苍的自己吗？

与退休太晚相伴随的还有老年贫困问题。以德国为例，德国人在交满45年社保后，平均每个月可以领1500欧元的养老金，这个数字看似不错，但别忘了这可是在欧洲，光房租就要花掉一半。另据统计，德国有16.8%的退休人员的净收入在规定的贫困线以下（每月净收入少于905欧元），这个比例每年都在攀升。连世界上最发达的国家都是如此，可见因老龄化而引发的养老金亏空，已经成为一个全球性难题。

看来，"熬退休"并不是一种拥抱生活的正确姿势。于是我们开始幻想，有没有什么办法能提前退休呢？人生苦短，如果能趁年轻时就变换一种生活方式，岂不是相当于多活了一辈子？

近10年来在发达国家有一场很著名的运动叫作"FIRE"，FIRE的英文全名是"Financial Independence and Retiring Early"，翻译过来就是"财务独立，提前退休"。"FIRE"运动起源于美国，最早见于薇姬·罗宾（Vicki Robin）和乔·多明戈斯（Joe Dominguez）在1992年合著的一本名为《要钱还是要生活》的畅销书。随后风靡全球，尤其是在"卷"死年轻人的日本，各大书店里财经畅销榜几乎都被与"FIRE"相关的书籍霸占，足见其深入人心。

　　"提前退休"说出了很多年轻人的心声，可别忘了它有一个前提叫作"财务独立"。我们也可以将其理解为最基本意义上的"财富自由"。我们暂不必理会那种说得有千万乃至上亿身家才能实现自由的高谈阔论。从更接地气的角度讲，"财富自由"的本质其实是时间自由——我们不必出卖自己的时间，就能生活下去，满足自己各种各样的消费需要。

　　"FIRE"的核心理念是通过有计划的储蓄投资，同时缩减不必要的消费，从而在正常退休年龄到来之前辞去工作，在人生下半生仅仅依靠从投资组合中的小额提款来生活。

　　怎样做到这一点，我们再来详细地说一说。

　　麻省理工学院的学者威廉·班根曾经提出过一个"4%法则"，可以视为"FIRE"的操作指引。"4%法则"的意思是说，当我们攒够一年生活开销的25倍之后，再通过资产的合理配置实现至少4%的年化收益率，就可以主动辞职，然后将余生全部精力投入自己喜欢的事情中去，提前退休了。

　　用公式表达"4%法则"是这样的：

提前退休的最低资产门槛 ×4%= 每年计划的生活开销

　　也可以表示为：

提前退休的最低资产门槛 = 每年计划的生活开销 ×25

　　根据这个公式，想要"财富自由"得干好两件事情。一是少花钱，二是学会投资。前者是个"哲学问题"，后者是个

"技术问题"。

消费的欲望是经济发展的根本动力，但过度的消费也会让人精神疲倦。从追求物质的泥潭里跳出来，才能变得轻松，找到原始的幸福感。回想一下我们的童年、大学，多半是囊中羞涩，但能攒钱买一套奥特曼卡片，买一台笔记本电脑，就是莫大的喜悦。现在上班有钱了，互联网上买东西也更加方便，快递一个接一个，但现在，我们还有过去那么快乐吗？

因此，钱不够花的困扰，的确与我们的心态有关。有人用 1 年 100 万元都填不满自己，按照"4% 法则"，他提前退休门槛将至少高达 2500 万元。而有人很容易满足，1 个月 1 万元钱也过得不错，这样提前退休的财富门槛就下降到了 300 万元，并不是那么遥不可及。

少花钱意味着我们要对自己的物质欲望和享乐冲动进行管理，做好这件事情需要向内求索，理解自己。虽然本书将把绝大部分笔墨放在对投资技术的分析上，但得事先声明一下，"哲学问题"其实要比"技术问题"更重要。

回到关于学会投资的讨论，"4% 法则"中另外一个关键问题是，如何取得 4% 以及更高的投资收益率？

我们赶上一个财商觉醒的好年代，很多"大 V""专家""老师"开始争先恐后地讲解答案，头上戴着光环的指路人到处都是。听他们安利多了，会让投资者产生"财富自由"

很简单的幻觉——我们过去之所以没有"自由",是因为思想不够解放,只需要让脑海里那株投资的"小火苗"觉醒,别说 4% 的收益率,10% 也不在话下,从而很快就能过上不用上班,每天读读书、散散步、数数钱的生活。

这画面有点美,可惜不是真的。讲解答案的人,未必已经解出题来。

然后,多少人奔着提前退休去学投资,结果赔掉了辛苦攒起来的退休金。那时候幡然醒悟却有点晚了——投资这个世界,与我们想象的有点不一样呀!投资者需要和形形色色的"金融资产"打交道,它们是欢喜宝贝,也是凶猛野兽。它们能赚钱,也能吞金。而哪怕是 4% 的投资收益率,也并非唾手可得。

投资的旅途,鲜花铺路,"陷阱"无数!而本书要做的事情,正是要去探索这趟旅行的真实风景。也看看我们离"提前退休"的梦想还有多远。

在本书的第一章,我们将从原理上解析靠投资实现财富自由的困境;在第二章到第五章,我们将从固定收益产品、股票、基金等具体的"金融资产"切入,去弄清楚它们的脾气。在此过程中,我们会接触到许多赔钱的案例和认知的误区,而在结尾章节中,我们将从这些教训中总结出一些对投资有益的思考和方法。

第一章

原理篇："复利效应"为什么失灵？

想要理解投资创造财富的"底层逻辑",就必须先理解一个极其重要的概念——复利效应。复利用通俗的话讲就是"利滚利",它指的是一笔投资获得收益之后,再连本带利进行新一轮投资的方法。每一期投资收益与本金的比值,被称为"复利率"。

20世纪最伟大的物理学家兼资深股民爱因斯坦曾经说过,"宇宙中最强大的力量就是复利。复利是世界第八大奇迹"。

在年复利率为10%的情况下,我们的财富大约每7年就可以增长1倍。这意味着,存入10万元钱,在7年之后可以取出20万元,30年之后可以取出175万元;100年之后将给子孙后代留下34个亿。

"复利效应"中使得财富加速增长的密码被称为"收益再投资"。按照复利率10%计算,今年的10万元本金可以在明年带来1万元的投资收益,而这1万元的收益又可以在后年带来1000元的投资收益,以此类推,"复利效应"在时间的加持下将非常可怕。

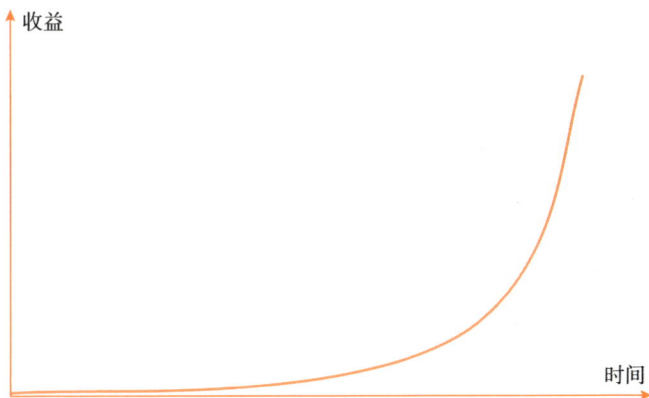

图 1-1 "复利效应"中收益增长加速度

但很显然，现实世界并没有按照写好的剧本去演。如果"复利效应"是有效的，那理论上每一个有财富传承的家庭应该都可以轻易地资产过亿元，结果却是"富不过三代"成为老生常谈。当然中间也许有战争、政权更迭等事件会带来社会财富的重组，但即使是在最近几百年一直远离战火、政局也比较稳定的美国，到今天依然是穷人居多，多数人都没什么积蓄。

为什么在真实的世界中，"复利效应"会失灵呢？原因主要在两个方面。

首先，随着复利率下降，"复利效应"的造富能力也是呈几何级衰减的。当复利率是 10% 时，10 万元钱在 50 年之后能变成 1174 万元；当复利率打对折变成 5% 时，10 万元钱在 50 年之后将变成 115 万元；当复利率再打对折变成 2.5% 时，

10 万元钱在 50 年之后将只有 34 万元。这个累计收益率已经没有那么诱惑人了。

在后面的内容中我们将知道，普通投资者投资收益率的下滑在未来的一段时间里，很可能是一个无法避免的趋势。无风险利率下行和通货膨胀的阴影将无所不在。

而投资者希望通过某些方法对抗这种趋势，就将面临另一个更大的"麻烦"。

我们来看看下面这个问题：

有一种投资能够让你第 1 年挣 50%，第 2 年亏 40%，第 3 年又挣 50%，第 4 年又亏 40%，以此类推。那么 10 年以后，我们能挣多少钱？

答案可能和我们想的有点不一样。虽然一年挣钱一年亏钱，但看起来挣"50%"比亏"40%"要多一点，我们很容易觉得自己还是能挣钱的，但结果是 10 年后，我们的累积收益率将是 –41%。

如果复利率不是一个"确定"的数值，或者说每一年的投资收益率不能维持稳定，"复利效应"就会失灵。投资收益率的不确定性，或者在时间轴上投资收益率曲线的波动，被称为风险。

风险并不是投资世界的"恶魔"，多数时候它是投资者为了获得更高收益而不得不付出的代价。但毫无疑问，风险"发飙"的时候会让投资者亏钱，金融杠杆和无法控制的情绪则会让它变得有点"凶残"。

本书的第一章将继续来分析投资面临的最大挑战，为什么稳定的高复利率难以实现？

1. "越存越穷"的困惑

20 世纪 90 年代很让人难忘，因为当时 1 年期的定期存款利率竟然高达 10.98%，这意味着仅靠存钱就能实现财富 7 年翻倍的目标。当然，这个夸张的利率水平只属于我国市场经济价格改革的特殊时期。

1996 年以后，银行存款的收益率开始连续跳水，到 1999 年末 1 年期存款利率已经跌到 2.25% 的水平。2007 年、2011 年前后，为了控制经济过热，我国进行了两轮加息，存款利率也一度小幅上扬，但并没有扭转下行的趋势。2015 年开始，我国定期存款利率正式进入"1 时代"，1 年期存款利率维持在 1.5% 长达 8 年。"存钱吃利息"的美好时光，可能一去不返了。

好在银行理财产品到来，其在相当长时间里成为银行存款的"平替"。银行理财的底层资产包括大量房地产和城投平台的债权，足以支撑对投资者的高回报率。资管新规之前银行的隐性"刚兑"则打消了老百姓对本金安全的顾虑，使得银行理财备受追捧。在长达 10 年的时间里，银行理财的收益率都能够维持在 4% 以上。2017 年，我国银行理财的规模迎来了历史峰值，达到 30 万亿元之巨，银行理财成了最主流的大众投资方式。

但好景不长，银行理财的收益率在 2015 年之后也开始下降，从 2015 年的 5% 到 2019 年的 4%，再到 2021 年的 3%，到现在已经连 2% 都保不住了。

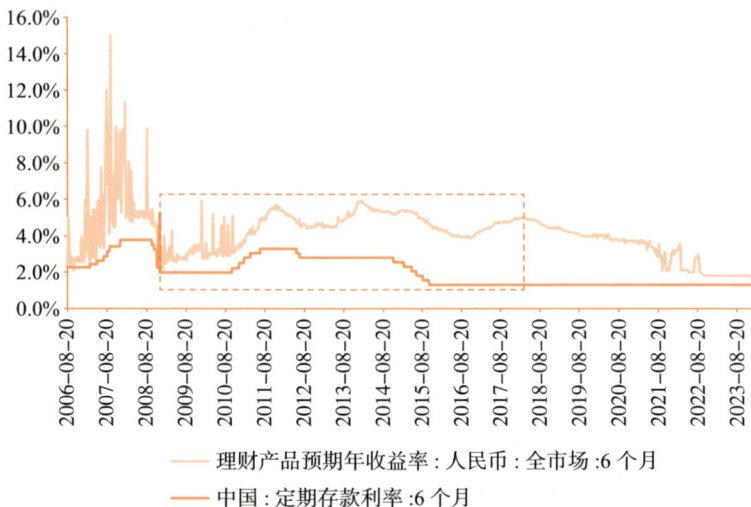

——理财产品预期年收益率:人民币:全市场:6 个月
——中国:定期存款利率:6 个月

注：随着 2009 年后银行理财资金大量流向房地产和城投平台，理财产品预期年收益率与定期存款利率的差距一直维持在 2%~4%。

图 1-2 银行理财收益率—存款利率"剪刀差"扩大[①]

---

① 数据来源：WIND 金融终端。

拥有类似剧情的还有国债和余额宝。

早些年，国债是需要去银行排队买的。1996 年时我国十年期国债的发行利率高达 11.83%，要是买到了，可以躺赚 10年。这样的好事自然也不常有，之后国债发行利率也是一路下滑，2021 年已经跌到 3% 以下。

2013—2014 年，余额宝的横空出世也曾引发轰动。最初它的收益率一度能达到 5%~6%，关键它是活期啊！很多人都在讨论余额宝是不是马上要让传统银行完蛋了。结果余额宝的高收益率最终只是昙花一现。

不论是银行存款、银行理财、国债还是余额宝，都很难在收益率下行的趋势中独善其身。根本原因是它们的收益率本质上是无风险利率在不同场景下的反映。无风险利率是金融学中的一个抽象概念，指的是投资于没有任何风险的资产而能得到的利息率。前述产品虽然不是绝对无风险，但出现问题的可能性极低，拥有近似无风险的特点，所以它们收益率的走势与无风险利率是一致的。

接下来一个问题，就是无风险利率为什么要下行？将来会不会继续下行？

从长远来看，无风险利率一定和经济增长率高度相关。用一个例子来说明一下：

假如我有一只鸡，每天能很靠谱地生 1 个鸡蛋，你找我借鸡一天，在明天你还我鸡的时候，我得要求你多还我 1 个鸡蛋。如果这只鸡每天能生 2 个鸡蛋，那你明天只是多还我 1 个鸡蛋那肯定谈不拢，我不会把鸡借给你，你得还我 2 个鸡蛋才公平。鸡生蛋的能力越强，借鸡人还鸡时附加的鸡蛋就越多。如果把"鸡"视为资产，把"蛋"视为无风险收益，"鸡的生蛋能力"（经济增长能力）就决定了无风险利率。

在 20 年前中国经济的体量不大，增长速度也很快；而现在中国经济总量已经是美国的 70%，稳居世界第二，再维持像过去那么高的增速已经不太可能了。这是这些年来无风险利率下行最主要的原因。

除了长期因素，短期来看无风险利率还会受到货币市场供求的影响。在经济不景气时，人们不想投资，不想消费，更不想借钱投资、消费，这时候对货币需求就不足了。但这个时候，货币政策出于逆周期调节的考虑，往往是宽松的，宽松的一个重要表现就是鼓励银行往外放贷，银行放贷会派生货币，会导致货币供给过剩。在经济过热时，这套逻辑恰好相反，大家都想投资消费，都需要钱，金融政策则使劲控制，货币的供求关系就倒转了。当缺钱的人多，借不到钱时，无风险利率会上升；有钱的人多，没人借钱时，无风险利率会下降。

在新冠疫情之后，整个经济环境在经历一个信心恢复的过程，大家都在保守消费，收缩投资，降低负债，经济增速没有之前那么强劲。与此同时，我国的信贷政策则进入了相对宽松的时期，银行有钱却贷不出去。当前中国 GDP 增长中枢仍有 4%~5% 的水平，无风险利率却已经跌落到了 2%，这跟金融体系钱太多了有关。

中国经济增速随规模增长下降的长期趋势，以及货币市场供过于求的短期现象都不是一两天能改变的，这意味着我国无风险利率的中枢将维持在低位，甚至继续下行。这个时间窗口会有多长呢？从美国的经验看，自从 2008 年"量化宽松"后，无风险利率在近乎为 0 的水平线上维持了 7~8 年，到 2015 年前后失业率恢复到了一个合理的水平后才有所改变。

除了无风险利率下降，我们的财富还将面临另一重挑战，它是市场经济中的一个幽灵，它的名字叫作通货膨胀。

我们在前面提到的利率，如定期存款利率、银行理财收益率、国债到期收益率等，都是名义收益率。"名义"的意思，是指其并没有扣除通货膨胀的影响。

在经济学里，通货膨胀是指一段时间内物价持续普遍上涨的现象。我们对于通货膨胀最直接的印象，就是政府为了弥补赤字、偿还债务而使劲印钱，然后物价飞涨，民不聊生，大家得扛着一麻袋的钞票去买鸡蛋。这样的事情在解放战争时期的国统区、解体前后的苏联以及最近的委内瑞拉都出现过，让通货膨胀也披上了老百姓财富杀手的外衣。

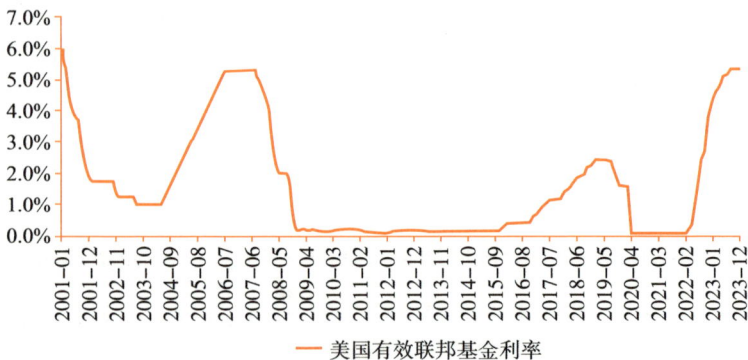

注：次贷危机之后美国的联邦基金利率曾在"0"附近维持了近 8 年时间。

图 1-3　美国联邦基金利率长期在低位徘徊 [1]

　　现代经济学认为通货膨胀并不是一个简单的货币现象，也尝试从需求、成本等角度来解释它。比如，新凯恩斯理论认为，在增发货币后的一段时间内，因为存在"菜单成本"，卖东西的人会来不及调价，钱多了价格没变，买东西的人就会觉得自己富有了，这叫作"财富效应"。这种临时性的购买力增长可以起到短期刺激经济的作用，但当卖东西的人渐渐发现客户出手阔绰了，最后还是会把价格调上去。这种向上

　　① 数据来源：WIND 金融终端，美联储。

调整价格的行为反映到宏观层面，就出现了通货膨胀。

成本端的冲击也是引发通货膨胀的原因。比如，全球经济复苏、反常天气以及俄乌冲突等原因导致能源价格自2021年下半年开始飙涨，引发CPI指数上行和老百姓生活成本飙升，导致了一场席卷欧美的通货膨胀。当然，在局势稳定之后，能源价格下降后通货膨胀率也如期回落，只不过降价的新闻远远不如涨价那么吸引眼球。

通货膨胀是经济学里最奇妙的塔尖之一，经济学家们研究了几百年，获得诺贝尔经济学奖的大师数不胜数。但关于通货膨胀为什么会发生，该如何管理它，却一直没有标准答案。只有一件事情是毫无疑问的，不论过去、现在，还是将来，无论我们怎么折腾、多么努力，都无法阻止通货膨胀的发生。

通货膨胀会降低钞票的购买力，当然也会影响到我们的投资收益率。如果一年期定期存款利率为1.5%，而在这一年里的通货膨胀率也是1.5%，意味着我们存钱获得的利息将完全被物价上涨带来的货币购买力下降所抵消。换句话说，就是钱白存了。如果要在名义收益率的基础上进一步衡量投资的真实收益，就得剔除通货膨胀的因素，用一个公式可以近似表示为：

真实投资收益率 = 名义投资收益率 – 通货膨胀率

我们经常会听到某些国家出现了"负利率"的情况，这并不是说在这些国家存钱还得给银行再交点管理费，而是指存款利率已经很低，甚至趋近于零，但通货膨胀率却不低，因此真实投资收益率就是负数了。多年以来中国都是世界经济增速最快的经济体之一，无风险利率水平相对于其他国家也是比较高的。但2015年后，我国1年期定存基准利率正式进入了"1时代"，从那个时候开始，仅仅靠存钱也很难战胜通胀了。

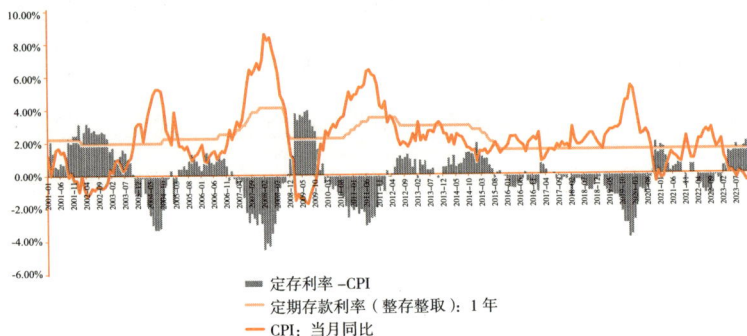

注：在2015—2022年的8年里，只有2020年定期存款利率在扣除通货膨胀率后大于零。如果仅仅以存款利率作为参考，负利率在我们国家也已经出现。

图 1-4　定存利率在扣除通胀率后为负数的情况经常出现[①]

过去，我们还有银行理财、国债、余额宝等投资产品，

---

① 数据来源：WIND 金融终端，中国人民银行。

可以用来替代低风险的存款，收益率也比通货膨胀率要高一点。但 2023 年以后，它们的收益率水平也在迅速下降。而且，被用来衡量通货膨胀水平的 CPI 其实是"一篮子商品"价格变化的加权平均数，在多数时间，与老百姓关系更为密切，消费频率也更高的食品价格涨幅通常要高于 CPI 的涨幅，我们切身感受到的通货膨胀率也比 CPI 数据显示的要强烈。

表 1-1　CPI 指数及权重一览表 [①]

CPI 权重成分	CPI 权重
食品	30.00
衣着	6.81
生活用品及服务	4.74
医疗保健及个人用品	11.24
交通和通信	11.25
娱乐教育文化用品及服务	13.65
居住	22.12

注：CPI 指数中，食品和居住项目占据着较高权重。

勤劳的中国人一直都很喜欢存钱，但低利率的环境已经让我们感到不太习惯。"越存越穷"不再只是一句吓唬我们的话了，它此时此刻正在发生。这使得我们不得不去打响一场财富保卫战。

---

① 资料来源：WIND 金融终端，根据统计局公布的通胀数据计算。

2. 提高收益率的代价

无风险利率的下行，让我们已经很难通过存钱、买理财、买余额宝等方式获得足够的投资收益，如果考虑通货膨胀的因素，我们积累的财富甚至没有增长。"4% 法则"一下子变得遥不可及。

那究竟还有没有别的办法，能提高我们的投资收益率水平，把真实投资收益率维持在 4% 或者更高？

办法还是有的！本节中我们将介绍一些常用的手段。

（1）更大金额的投资

有时我们会发现，就算是购买同一个金融产品，随着购买规模的增加，收益率也会增加。这种情况与金融机构服务客户、管理资产的成本有关。

我们买了理财产品后，每天都能看到账户资产信息的变动；我们遇到问题时，也可以咨询客服人员请求解答；针对新老客户，金融机构还会组织各种各样的答谢活动。但做这些事情，都是要花钱的。在产品规模一定的前提下，笔均购买金额越大，说明购买产品的人越少，金融机构需要投入的服务资源也少了。我们进行大额投资相当于在帮金融机构省钱，金融机构会把节约下来的成本让渡一部分给我们，我们就会享受到"VIP"待遇，投资收益率也会高一些。

（2）更长期限的投资

很多金融产品都会有特定的投资期限，它约定了我们在投资后多久能够把投资本金拿回来。投资期限短的如购买当日可赎回（T+0）、购买次日可赎回（T+1）、购买一周后可赎回等，长的如6个月、1年、3年、5年等。一般来说，金融产品回款的锁定期限越长，收益率也越高。

从资金使用的便利性上讲，自然是期限越短越方便，而购买长期产品的投资者，相当于让渡了灵活取现的权利，也使得金融机构能够更安心地去做一些长期运营，而不用因担心产品赎回，留着大量的应急资金。这些应急资金几乎是不产生收益的，如果规模太大，会降低金融产品的整体回报；当应急资金的占比下降，收益率也就上去了。因投资期限更长而高出的那部分收益率也被称为"流动性溢价"。

（3）更高风险的投资

投资的规模、期限对金融产品的收益率会有影响，但幅度一般不会很大，要提升投资收益率，最有效的手段是承受风险。

"风险"这个词对投资者来说再熟悉不过，但它究竟是什么意思呢？我们总是把风险与亏钱画等号，这也不太准确。风险的真正含义应该是投资真实收益率与期望收益率不一致的可能性。这里的"不一致"既可能是因为低了而不一致，也可能是因为高了而不一致。

用一个例子来说明一下：

我们把 10 万元钱存在银行里，1 年以后几乎确定可以回收 10 万元本金和 1750 元利息（1 年期定存利率是 1.75%）。但如果我们去买 10 万元的股票，1 年以后我们有可能挣 30%，10 万元变成 13 万元；也有可能亏 20%，10 万元变成 8 万元。很显然买股票收益的不确定性比存银行要大得多，因此我们可以说买股票风险更高。

有一类高收益的投资，比如曾经一度流行的 P2P 或者是民间借贷，看起来其收益率是固定的，但实则不然。我们在开始的时候都很有信心，但当产品到期时却往往发现本金收不回来了，承诺的高收益更是一个泡影。

市场风险和信用风险是两种最常见的风险类型。市场风险是由于投资资产的价格波动所致，如股票；信用风险则是由于借款人违约所致，比如 P2P。而它们导致的结果都是一个性质的，那便是收益的不确定性。我们在之前曾提到过，我们关于复利效应的幻觉，很大程度上是因为收益率的"不确定"；现在我们可以换一种更科学的说法，我们对于复利效应的理解是片面的，因为我们忽略了投资中的风险因素。

不过，风险本身并不绝对是财富的敌人，高风险既能让我们亏钱，也能让我们挣更多的钱。我们只有接受股票价格有可能下跌的现实，才有机会获得股价上涨的收益；只有接受借款人可能不还钱的现实，才能够以 8%、10% 甚至更高的利率借钱给别人。高出的收益率，可以视作我们为承受风险而获得的补偿，专业术语称之为"风险溢价"。

对风险的管理被视为金融投资的灵魂，中间涉及大量的比较和计算。比如摇骰子，从长期来看我们输或者赢的概率应该是一半对一半，挣不着什么钱，但每一次摇骰子的结果却天差地别。长期收益不高但风险很大，从这个角度说，摇骰子是一项很烂的投资。我们再看看那个买股票的例子，1 年以后我们可能挣 30%，也可能亏 20%，我们假设这两种情况发生的概率也是一半对一半，那么从长期来看我们的投资收益率将趋向于 10%，远高于存银行的 1.75%。这时候我们就可以认为，虽然承受了更高的风险，但这是值得的。

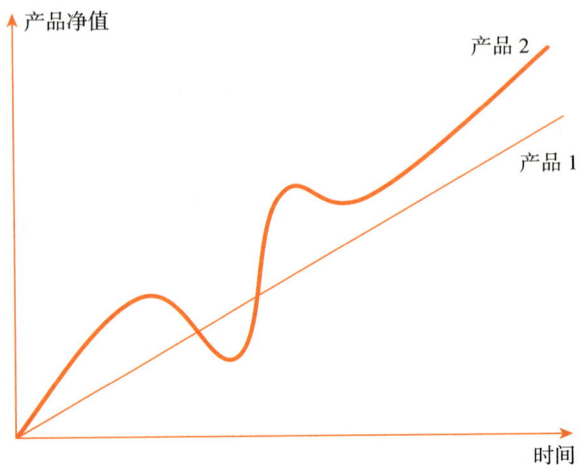

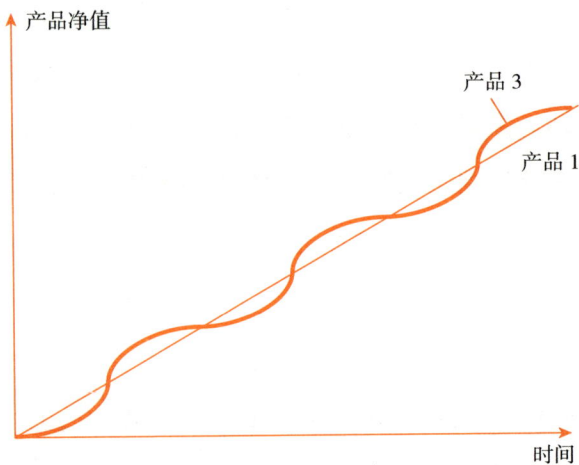

注：假设有 3 只产品，它们的收益随时间波动曲线如图所示。虽然金融产品 2 的波动性要比金融产品 1 大得多，而且小部分时候产品 2 的净值要低于产品 1，但很显然，选择产品 2 是更加明智的。而当两只产品的收益率水平相仿时，如产品 1 和产品 3，选择风险更小的产品 1 才是更合理的。

图 1-5　什么情况下值得承受更高风险

投资学里面有一个"风险资产前沿"的概念，位于风险资产前沿上的投资组合，是那些在特定收益率水平上的风险最小，或者说在特定风险水平上收益率最高的组合。而位于"风险资产前沿"上的不同组合，则遵循着"收益越高，风险越高"的关系。投资大师所做的事情，并不是单纯在寻找收益率最高的投资机会，也不是在单纯寻找风险最低的投资机会，而是寻找"前沿"。

根据前沿理论，高收益率、低风险的产品是不可能长期存在的。如果真的有这样的好机会，投资者一定会一窝蜂地去买，结果是要不就根本买不到，要不就得加价，导致产品收益率下降。历史上有些曾经火爆的高固定利率的产品，比如房地产信托、P2P 等，后来都是雷声一片，这就是规律的力量。

当然也有一些看起来例外的情况，比如巴菲特在长达 58 年的时间里实现了接近 20% 的年化收益率。单从一年来看，20% 并不是一个多么惊世骇俗的数字，无数股民都可以站起来说"今年超过了巴菲特"。但要把这件事情放在 58 年的时间长河里，所有人都沉默了。巴菲特以难以名状的专业和直觉演绎了投资界的奇迹，虽然书店里分析他投资理论的书籍汗牛充栋，但奇迹是难以复制的。

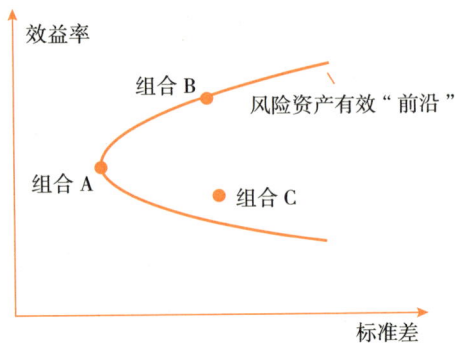

注：我们以资产组合的长期收益率（预期收益率）作为纵轴，以资产组合的标准差（代表风险）作为横轴，风险资产组合的"前沿"如这条曲线所示。从收益和风险的平衡关系来看，"前沿"组合A、组合B将优于组合C，而组合A和组合B则表现出"收益越高，风险越高"的关系。

图1-6 "风险资产前沿"上的投资组合

现在我们知道了，在无风险利率下行的背景下，还想要实现"4%法则"乃至获得更高的投资收益率，就得依靠提高投资金额，延长投资期限以及承受更大的风险来实现。用一个公式总结就是：

最终收益率＝无风险收益率＋大额投资提升的收益率＋长期投资提升的收益率（流动性溢价）＋承受风险提升的收益率（风险溢价）

天下没有免费的午餐，我们会看到每提高一点收益率都是有代价的。大额投资要求我们要足够有钱，长期投资的代价是放弃了用钱的灵活性，承受风险则意味着亏钱的可能性。

我们具体进行某一笔金融投资时，虽然很难按照公式将预期收益率进行分解，但我们心里要有一本账：如果我们获得的收益率超出了无风险利率很多，超额部分究竟是基于大额度、长期限获得的，还是我们正在承受着更高的风险？那种收益又高、期限又短、看起来没什么风险、普通人都能购买的金融产品不可能长期存在，我们要谨防它们会在某一天带着我们的本金一起消失。

3. 小心金融"杠杆"

我们提高自己的风险偏好，去承受一些结果的不确定性，就可以获得风险溢价。风险溢价既有好处也有坏处，像巴菲特、彼得·林奇、格雷厄姆这样的投资大师，正是充分利用了美国股市的风险溢价，才能在中长期获得惊人的回报。在他们眼中，一切波动都只是暂时的，没有那么可怕。

但"杠杆"的存在，却让情况有些不同了。用通俗的话说，金融杠杆就是"借钱"的意思。接下来，我们将感受到杠杆的超能力，它足以把短期波动变成难以挽回的损失。当它露出獠牙的时候，投资者就得收拾衣服准备出局了。

任何一位有点资历的中国证券从业人员，一定不会忘记

2015 年。

这一年的 6 月 12 日，上证指数创出自 2007 年以来 5178 点新高。在一周以前，创业板指数刚刚突破了 4000 点大关，较 2014 年上涨了 2.5 倍，较 2012 年上涨了 6 倍。在那一段时间，市场上说"剑指 1 万点"的声音到处都是。

但随后盛极而衰，自 2015 年 6 月到 2016 年 1 月，上证指数区间最大跌幅达 49%，创业板指区间最大跌幅达 56%，指数"腰斩"的背后，个股的情况更加惨不忍睹。那短短的 7 个月宛如冰河世纪。

"千股涨停"和"千股跌停"已经不多见了，"千股停牌"的壮烈景象你有想象过吗？由于下跌已经彻底击穿了大家的心理防线，上市公司为了避险只能暂时把牌桌掀了。2015 年 7 月 7 日晚间时分，有超过 1400 家上市公司宣布了停牌，超过当时 A 股总数的一半。这种奇观，不仅前无古人，以后应该也不会有了。

在这一次下跌中 A 股史上最"短命"的政策诞生了。2015 年 12 月 4 日，两大交易所推出了"熔断"机制。2016 年 1 月 4 日，在正式生效的第一天它就得到了应用。当天下午 1 点 13 分，沪深 300 指数下跌 5%，触发熔断阈值，暂停交易 15 分钟，到 13 点 34 分再度触发 7% 阈值，两市暂停交易至收市。1 月 7 日的情况则更加夸张，在证券公司工作的朋友们惊喜地发现自己上午 10 点就可以下班了。2016 年 1 月 8 日，两大交易所紧急发布公告，暂停实施熔断，历时 4 个交易日的"熔断"机制黯然出局。

过山车一样的行情，让股民们摔得血肉模糊，痛定思痛之后，人们对市场暴涨暴跌的原因进行了深刻的反思。大家最后将罪魁祸首锁定为杠杆。杠杆依靠其创造增量资金入市的能力，几乎以一己之力造就了 2015 年 A 股市场的繁荣，但"杠杆牛"没多久就变成了一场始料未及的流动性危机。

2014 年 8 月，证监会向多家券商下发《证券公司风险控制指标管理办法（征求意见稿）》，大幅提高了杠杆水平的理论上限。政策最直接的影响就是证券公司开始大搞两融业务，在 KPI 的指挥下，各地营业部一拥而上，恨不得让所有符合条件的投资者都开一个两融账户。

"两融"的全称是"融资融券"，"融资"是指投资者向证券公司借入资金买入证券，到期还钱；"融券"是指投资者向证券公司借入证券卖出，到期还券。在两融业务发展初期，证券公司可以借出的证券并不多，因此两融业务实际上以融资业务为主。在证券公司眼中，虽然借出了资金，但两融业务的风险其实并不算高。原因是投资者融到钱之后只能用于买股票，而且需要提供"足值"的股票进行质押担保。当质押证券的市场价值下跌到一定程度，证券公司就有权强行抛售证券用来还钱，这个过程被称为"平仓"，对投资者来说也叫作"爆仓"①。

两融业务于 2009 年推出，其规模用了 5 年时间才爬到 5000 亿元，但在政策刺激下，2014 年 8 月到 2015 年 6 月的 10 个月里就翻了两番，达到 2 万亿元之巨。证券公司的资产负债表也像气球一样膨胀。

如果将证券公司两融业务定义为"快速发展"，那场外配资就只能用"野蛮生长"来形容了。场外配资是指除了两融业务之外，所谓的股票配资公司借钱给投资者炒股，这也成为当时全民加杠杆的重要推手。根据研究机构的估算，2015 年 A 股场外配资规模也高达 2 万亿元之巨，几乎与两融业务规模持平。由于信息来源的局限，场外配资的盘子究竟有多大，并没有人知道。

那时候国家对场外配资机构还没有进行严格的监管，配资比例最高能达到 1:10，远远高于证券公司 1:1 左右水平。想想 1:10 意味着什么？当股价下跌 10%，市值就覆盖不了债务了。我们今天已很难想象配资机构为啥这么勇敢，觉得股价连 10% 都不会跌，也许这便是牛市狂热的写照吧。

---

① 假设我们用自有资金 100 万元，同时找 A 证券公司借了 100 万元去买了 200 万元股票，并把所有股票质押给 A 证券公司，这个时候"总市值/债务"=200%。A 证券公司同时也会与我们约定，如果证券的市场价值下跌到 130 万元以下，即"总市值/债务"<130% 时，A 证券公司有权强行抛售证券用来还钱。130 万元市值和 100 万元债务之间的差距，就是证券公司进行风险控制的安全垫。

据事后分析，2015 年股市大跌的导火索就是监管清查场外配资，而大跌又引发了配资机构的"平仓"潮。来自市场和监管的压力两相叠加，众多配资公司进行了不计成本的抛售，今天账户跌破安全线，晚上就冻结账户，第二天所有股票挂跌停板出货。由于股价跌得太快，市场形势已不能以"正常"形容，证券公司两融业务的安全垫也不够用了，不得不加入抛售股票的大军。

在这个时候，大家才发现有这么多的投资者加了杠杆，所有的债主都在逃命，结果就是"踩踏"现象出现，股价每天封死在跌停板上，谁也抛不掉，只能抱在一起哭。

在秋后算账的时候，多半配资机构其实在市场暴跌时就已经完蛋，但监管还是把一个名为"HOMES"的系统封禁了。HOMES 系统本来只是恒生电子开发的一个分账号的交易管理系统，恰好配资机构们觉得它很好用，"原罪"也罢，"背锅侠"也罢，这个账只能算在 HOMES 头上。

除了股票市场，当年分级基金市场的情况也同样惨烈，惨烈到什么程度呢？说一个事实吧，今天我们已经很少听到分级基金这个词汇，2021 年以后，它已经在监管的引导下退出了历史舞台。

简单介绍一下分级基金。它诞生于 2007 年，曾经是资本市场上重要的金融创新之一。与普通基金一样，由专业机构管理，募集投资者的钱，去买卖股票等有价证券；与普通基金不同的地方是，每1份分级基金都会拆为A、B两种份额，A份额只拿固定利率收益，比如1年7%，B份额则可以享受基金总收益减去A份额收益之后的部分。

分级基金的实质就是A份额给B份额提供了融资杠杆。假设一只分级基金分级A和分级B的比例是1:1，如果整只基金1年内买股票挣了20%，不考虑管理费，刨除给分级A投资者的7%，分级B投资者的实际回报是33%。

由于B份额的净值提升很快，牛市中分级基金一度很受欢迎，峰值规模超过了5000亿元，但这么复杂的产品，购买门槛又这么低，其实是不符合"合格投资者"的监管精神的。很多参与分级基金的投资者，连产品条款都没有搞清楚就跑步进场，最后亏得一塌糊涂。2015年7月大盘连续暴跌，许多分级基金都触发了下折①，分级B很快就变成了空气，而即便是分级A的投资者，因为暴跌之下母基金无法赎回，也没有

---

① 分级基金下折是分级基金不定期折算的一种形式。主要是为了保护稳健投资者即分级A持有人的利益，约定当分级B的净值下跌到一定价格（一般股票型基金是0.25元）时，按照公告规定和一般分级基金合同下折条款的约定，分级B净值调整为1元，所持份额就会对应折算约为原本的1/4。分级A则调整为与分级B对等，多余的分级A以母基金的形式派发给持有人。在下折时份额计算是以净值为依据的，如果分级B的交易价格高于净值，分级B的持有者就会在下折时感受到"断崖式"的损失。

拿到预期中的固定收益，甚至连本金都遭遇了损失。

对于2015年这场由杠杆引发的资本市场危机，以上都只是行业的大视角；在每一个亲历投资者的小视角里，感受要更加深刻。

杠杆就好像是一个潘多拉的魔盒，没有打开的时候，你眼中满是它的好。炒股的人天然风险偏好不低，他们借钱的时候都是奔着挣大钱去的，想象的是股价随便涨一涨，利息钱也就出来了。况且8%的融资成本，摊到全年的每一个交易日才不过万分之三点几，相对于每日持仓市值的变化不值一提。但当他们把这个盒子打开，结局往往就没法收拾了。

杠杆对投资盈利及亏损同样都具有放大效应。我们用10万元全部买了10万元股票，股价涨50%，我们获利5万元；现在我们加1倍杠杆——借10万元，最多就能够买20万元的股票，股价涨50%，我们获利10万元，投资收益率由50%一下子变成了100%。然而，假如股价不是涨50%而是亏50%，不加杠杆我们亏5万元，加了杠杆后我们就连本都不剩了。

2015年大家只知道炒股会亏钱，很少听说过"爆仓"。亏点钱尚可以东山再起，而一旦"爆仓"，本金接近于零，基本上宣告着万劫不复。那一年股市的血盆大口，不知道吞掉了多少中产阶级。股市涨得太多，泡沫破裂，这属于"天灾"，加杠杆人为地把风险放大到自己难以承受的程度，就是人为失误了。

"爆仓"还不是最糟糕的情况。因为借贷关系并不会因为质押物的处置而消失，如果抛售股票之后的回款不足以偿还全部债务，没抵完的债务依旧是需要还的，这种情况是"爆仓"的升级状态，被称为"穿仓"。万一"穿仓"了，我们虽然很悲痛，却仍然无法与证券公司或配资机构一刀两断，搞不好他们还要上法院告我们。如果陷入官司，个人征信受到影响，那就不仅仅是钱的麻烦，也许连正常生活都无法进行了。

所以，慎对杠杆，是投资风险控制最重要的法则之一。

4. 为什么投资者爱"上头"？

到现在为止，不论是对利率的探讨，还是对风险、杠杆、机会成本的探讨，所涉及的都是投资中的客观现象。但有时我们会听到这样的例子，有很多看起来极具专业经验的人，比如那些电视或者短视频上的"大V"，往往在投资实操中亏得一塌糊涂。

而我们自己也会有这样的感受，在投资过程中，好机会好结果总是在其他人身上发生，一旦身临其境，受伤的总是自己。

这种现实和感受的差异，很可能是由我们自己的心态、情绪和行为导致的。甚至说我们这山望着那山高的心态，也是认知偏差的一种，它会导致我们的决策失误。这反映了另一个维度下的投资之难。我们不仅仅要面对来自市场的挑战，还必须面对来自内心的纠结。

比如说炒股，股民心中最红的偶像莫过于投资之神巴菲特，而巴菲特最著名的一句话莫过于"别人贪婪时我恐惧，别人恐惧时我贪婪"。这句话从字面上理解起来一点都不难，很多人也觉得自己能够做到。

但事实呢？在别人恐惧之时，我们也抑制不住恐惧；在别人贪婪之时，我们也抑制不住贪婪。

牛市里到处都是投资大牛，让我们觉得自己也快要牛了。哪怕我们并没有多少关于股票和基金的投资经验，也曾经信誓旦旦地保证自己将安全第一，拒绝风险。但这时候占据我们脑海的却是这样一种思想——那么多人都发财了，我难道比他们差吗？

熊市里的情况则恰恰相反，在悲伤情绪蔓延的时候，万念俱灰的我们还有心情分析宏观经济、行业前景、公司质量这些与投资资产有关的基本面信息吗？还有能力去寻找便宜的投资机会吗？在这样的时刻，我们只想尽快与这个让人伤心的市场撇清关系。

橡树资本的创始人霍华德·马克斯也在自己的经典著作《周期》中描述过这种特别的"心理周期"。投资者在面对市场的时候很容易走极端，其心理周期的振荡幅度要比市场牛熊转换更为明显，总是在极度自信和极度绝望中徘徊，而很少有中间状态。被情绪蒙蔽双眼的结果，就是在牛市中很少有人关心风险，在熊市中大家又都看不到机会。

在基金领域一直存在"基金赚钱、基民亏钱"的怪现象。从整体上来看，我国股票基金的净值是正增长的，但基金投资者总是觉得自己没有挣到钱。这其中的罪魁祸首也是"高买低卖"：新成立基金份额的峰值往往是在牛市的后期出现，谷底则位于熊市之中。

注：以基金加权平均净值利润率代表基民收益，将其与基金同期复权净值变化率（基金收益）之差作为投资者的"交易收益"。2016年以来"交易收益"为负数的基金占到绝大多数，说明基民的情绪和行为因素导致了负回报。

图1-7　基民的交易行为带来了负收益 [1]

---

[1]　数据来源：WIND金融终端。

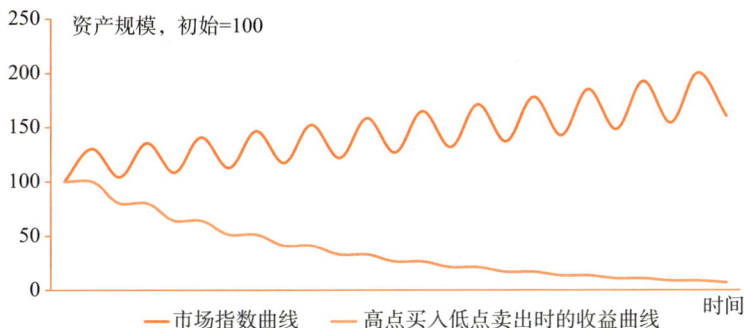

250 资产规模，初始=100
200
150
100
50
0

—— 市场指数曲线 —— 高点买入低点卖出时的收益曲线
时间

注：我们模拟了一个案例来说明"高买低卖"对投资业绩的影响。假设市场指数是在波动中上升的，但如果我们总是在高点买入、低点卖出，也会亏很多钱。

图 1-8　投资"高买低卖"的后果

这些案例都告诉我们，多数投资者都无法避免情绪的困扰，会经常"上头"地做出一些不合理的事情，导致自己承受比市场平均水平高得多的亏损。回过头看的时候，我们总会因为自己过去的"愚蠢"而悔恨，但不久以后很可能又"好了伤疤忘了痛"。在我们的心中，似乎存在"另一个我"，它任性、情绪化、不讲道理。很多时候，我们都在和"另一个我"较劲。经济学里有一个专门的分支被称为行为金融学，系统地解读了这种现象。

（1）"热手效应"和"赌徒心态"

用通俗的话讲，"热手效应"的意思是认为过去挣到钱的套路会一直有效。比如，当我们发现房价在过去 20 年没有跌过，就会认为未来房价还会上涨；当我们观察到一位基金经理连续两年业绩高于行业平均水平，就会觉得买他的基金肯定挣钱。"赌徒心态"则恰好相反，意思是认为人不会一直输下去。比如，当我们在一只股票上亏了很多钱后，总会想通过补仓的方法把亏掉的钱赚回来，从而陷入"越跌越买"的疯狂状态。

"热手效应"和"赌徒心态"都反映了我们在决策时依赖于直觉，而不是理性的情况。有时这两种看起来有些相反的直觉甚至会在一个人身上同时存在，比如有研究就发现很多散户在选基金经理时，对基金过去的业绩表现出"热手效应"，但到了自己亲自上阵时，就又产生了"赌徒心态"。

（2）小数定律

按照统计学知识，我们投资只有按照"大数定律"来进行决策，才是合理的。但在实际操作时，影响我们决定的通常都是少数事件。在美国有一个行为实验，当受访者被问及死于胃癌的人多还是死于车祸的人多时，多数人的回答是死于车祸的人多，而实际上每年死于胃癌的人数是死于车祸人数的两倍。人们之所以选择后者，只是因为新闻媒体经常报道车祸，所以人们对车祸的印象会深刻一些。

投资中的"小数定律"也十分常见，一个典型的例子就是在熊市中大家见到亏惨的例子太多了，痛苦的记忆太多了，就会对市场失去信心，高估股票下跌的概率，即使股票很便宜的时候，也不敢入市。

（3）羊群行为

投资中的羊群行为是指放弃独立判断，而跟随市场中大多数人的决策进行投资。这也是最经典、最常见的非理性行为之一。

羊群行为为什么会发生？最主流的解释认为事关投资这样一件复杂且重要的事情，多数人是没有什么安全感的。而别人做什么自己就做什么，正是一种寻找内心安慰的好方法。毕竟，三个臭皮匠能顶一个诸葛亮嘛！在投资领域存在普遍的羊群行为已基本是学术圈的一个共识，羊群行为导致的追涨杀跌，也被认为是泡沫生成破灭、市场波动加剧的罪魁祸首。

（4）自我麻醉

小孩子总喜欢给自己的失误"找借口"，这并不是因为他们不乖，而是一种与生俱来的心理学现象。几乎每一个人，都会不自觉地将成功归于内在原因，比如自己技术超群、天赋异禀等；而把失败归于各种外在原因，比如运气不好、队友"掉链子"等。

在投资的时候，如果结果不符合自己的初衷，我们的第一反应往往不是反思自己的想法对不对，而是会试着淡化、歪曲信息内容，给自己编造一个"合理"的理由。当我们的资产出现大幅浮亏时，我们会像鸵鸟一样把头埋进沙子里，任何有关基本面的信息都不再重要。这时候我们告诉自己，浮亏不是真亏，总有那么一天股价会涨回来的。当我们的资产刚刚有一点浮盈时，我们又会迫不及待地想要落袋为安，而把之前的前景展望、科学分析抛诸脑后。这时候我们又觉得真金白银才是钱，可是第二天，我们就又买了别的股票。

5. "保本"就是没亏钱?

最后，我们来讲一个容易被多数人忽略的认知误区。

我们做投资，一个心理上的底线是投资的本金部分不要出现亏损，也就是我们俗称的"保本"。我们会觉得，投资收益的多和少是一码事，只要能"保本"，就不至于那么难受。

这是一个安慰剂式的想法，只保住本金并不是真正意义上的保本。想象一下我们买了1万元钱的基金，5年后发现基金净值还是和5年前一模一样，我们能因为没有亏钱而沾沾自喜吗? 我们是不是应该想到，如果5年前我们把这1万元钱存在银行里，也能够赚差不多1000元钱的利息了呢?

经济学里有一个"机会成本"的概念，它是指当我们作出一个选择后，因为不能再做其他事情而付出的代价。投资自然也会有机会成本，我们每做一种投资，都是以"不能做另外一种投资"为代价的。

因为"不能做另外一种投资"而损失的投资收益，就是投资的机会成本。很显然这个数字没那么好确定，但我们知道它至少要高于我们把钱存在银行获得的利息，而后者代表着无风险收益。从这个角度考虑，我们可以将无风险利率也视为所有投资的机会成本。

我们在计算任何一笔投资的真实收益率时，都理应把无风险利率考虑在内。假设我们某一年炒股赚了10%，无风险收益率是2%，那么我们从事这笔股票投资而获得的真实收益率是8%。如果我们炒股只挣了2%，则相当于炒股没挣钱。

机会成本不仅仅是一个算术游戏，它也是财富的隐形杀手。它不会让我们的银行账户余额减少，也没有付钱的过程。由于感受不到，我们也很少重视它，等有一天我们突然想明白了才发现已失去了这么多。

在那些流动性比较差的资产交易中，机会成本体现得尤其明显，甚至会比那些看得到的亏损还要厉害，一个典型的场景就是买房和卖房。

有时候我们并不想买房，只不过看见售楼处富丽堂皇，还免费喝咖啡、送鸡蛋，就顺道去看看。然后发现华丽样板间和窗外的美景相得益彰，一上头就把定金交了，心里想着，只要房价不跌，也算是一项投资嘛！

在理解机会成本以后，我们就该更理性地看待这个问题了。如果这些房子是期房，从付款到交楼就要 1~2 年；如果是"期房 + 毛坯"，交楼以后得装修吧，装修完了还要散一散有害气体，等到住进去的时候 1 年又过去了。在这 2~3 年的时间里，我们交了钱，也许还要还贷款，却住不了新房子，白白被占用了资金，付出了大量的机会成本。在一、二线城市一套房子动辄三四百万元，我们在住进去之前的代价就已经好几十万元了。

业内人士都懂得预售制度实际上就是在帮助开发商融资，且这种融资对开发商来说是无息的，背后是买房子的人帮助开发商把融资的利息"支付"掉了。

此外，在绝大多数城市买房会有一个限售期，如果是买具有保障性质的限价房，限售的期限很可能长达 5~10 年。就算以后限售期被放开，把房子卖掉变现也不会像过去那么容易。而我们持有房产的每一天，都在不断产生着机会成本，累加在我们购房的总成本里。

在很多时间段里，买房子都有可能是亏钱的。房子将趋向于成为一个美好生活的元素，而不再是投资的首选。

机会成本除了影响我们在买房环节的决策，也会影响卖房环节。

想象我们有一套房子要出售，有一个精明的买家趁着现在楼市不景气，直接在挂牌价的基础上给我们报了一个"九折"斩首价，我们内心很愤怒，我们理所当然拒绝了这笔交易，并安慰自己，如果房子卖不掉，我们就慢慢卖。

这个"慢慢卖"的决定将使我们面临时间的挑战，让这笔交易的机会成本水涨船高。一套售价 100 万元的房子，3 年后卖出去和今天卖出去有什么区别？按照 4% 的年化收益率计算，我们失去了本可以属于我们的 12 万元的利息——这还是相当于打了"九折"。

在中介市场里，我们有时能遇到一些急售的"笋盘"，价格很优惠，这也是机会成本在卖房折扣中的体现。卖房人可能正面临某种困境而亟须用钱，如果不能快速拿到现金，会有非常大的麻烦。两害相权取其轻，就只能忍痛降价了。

机会成本不仅仅出现在买房卖房的过程中，在各种投资情景里，它就像空气一样无处不在。

我们都知道不应该让银行账户里的资金闲置太长的时间，否则就会少挣利息，这时候机会成本是一种"不作为的损失"。如果有某笔款项太长的时间收不到，无形之间也增加了我们的机会成本，所以加快收款也相当于在挣钱，我们最好尽快把那些可以拿到的钱都拿到，比如我们累积的公积金。

机会成本也会进一步影响我们在不同资产中的选择。当市场的无风险利率下降时，我们把钱存在银行或者买理财产品能获得的利息少了，也相当于投资其他资产的机会成本下降了，这会促使我们去买入股票和基金并导致其价格上涨。这其实也是降息利好权益市场最直观的解释。

机会成本还奠定了现代投资理论中的一个重要基础——货币的时间价值。用通俗的话来解释，就是今天的 1 元钱和明天的 1 元钱是不一样的。今天的 1 元钱更值钱，因为如果我放弃今天的 1 元钱去追求明天的 1 元钱，会失去 1 元钱从今天到明天的投资收益，这里面也是机会成本的概念。基于货币的时间价值形成的净现值（NPV）、内部收益率（IRR）等一系列投资项目的评估方法，全世界都在用，机会成本在中间变成了一个重要的计算参数，被称为贴现率。

这些复杂的知识我们就不在这里赘述了。重要的事情在于，我们应当注意到机会成本会对投资的真实收益率带来影响。在做决策的时候要记得，如果我把这些钱存银行，还能获得一部分利息，我们需要在新的投资中把它找补回来。

总结和启示

1. "复利效应"是靠投资实现财富自由的底层逻辑，由于投资收益可以用于再投资，所以它能让我们的财富加速积累。然而，由于稳定的高复利难以实现，"复利效应"通常只是个幻觉。

2. 无风险利率下行是一个难以阻止的趋势，年化收益率4%的年代正逐渐远去。挥之不去的通货膨胀会更进一步，让"越存越穷"变成现实。

3. 如果想在无风险利率基础上获得更高的投资收益率，有加大投资金额、拉长投资期限和承受更高的风险三种方式。

4. 承受高风险能够让我们的投资收益率超越4%甚至10%，也可能让我们亏钱。但如果你不想亏钱，那你就也别想10%。

5. 风险本来没有那么可怕，但金融杠杆却给它装上了獠牙，把不确定性增加到了难以承受的地步。对我们普通人来说，远离杠杆，就是最简单有效的控制风险的方式。

6. 我们在投资时将面临"另一个我"的干扰，它让我们丧失理智、过度自信或者陷入崩溃，我们绝大多数错误的决定，都是在不好的情绪中做出的。

7. 投资中不仅有看得见的收益，还有看不见的机会成本，它会悄悄地搜刮我们的口袋。我们应当在投资决策中增加对机会成本的关注。

第二章

固收篇：固定收益足够"坚固"吗？

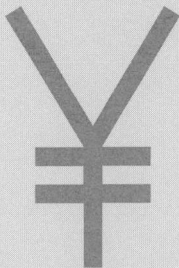

投资者用于投资的钱，很可能是经年累月的积蓄。如果投资出现亏损，往往等同于有很长时间的工作白干了，这是一件让人非常绝望的事情。多数人在投资时都会把本金安全放在第一位，倾向于进行风险较低、收益稳定的固定收益投资。

在固定收益投资中，"收益"之所以能够"固定"，是其背后通常有一层债权债务契约关系。投资者承担了债权人的角色，投资者的收益则是以债务人的信用作为保证的。"欠债还钱，天经地义"是对债权债务关系的形象描述，而在现代社会里，"欠债还钱"不仅"天经地义"，还被写进了法律。

虽然有契约和法律约束，但是债务人不还钱的情况依然会出现。这可能是因为债务人居心叵测，故意不还钱，也可能是因为债务人真没有能力还钱。固定收益投资最大的风险正是借款人不还钱的风险，用专业术语来说就是"信用风险"。

过去普通投资者可以参与的固定收益投资并不多，最常见的就是把钱存在银行里收利息；老一辈人还一度流行去银行柜台买国债，收政府的利息。但今天，存银行、买国债听起来就有点落伍了。随着金融创新的不断深化，我们能选择的固定收益产品日益丰富，包括银行理财、保险理财、债券基金、信托理财等，这些产品逐渐成了存款和国债的替代品。

产品的多元化也使得固定收益投资的风险状况复杂化了。以往我们把钱存在银行里，银行就是债务人，银行作为专业的金融机构很擅长流动性管理，政府也会对银行资本实力、管理水平有严格的要求，确保银行的兑付能力。关系简单，风险可控。但现在一份固定收益产品合同动辄好几十页，投资者甚至都搞不清楚债务人是谁，就把钱借出了。这时固定收益能不能"固定"就不好说了，本金收不收得回来甚至要取决于某个皮包公司的心情。

盲目地进行固定收益投资的危险系数是非常高的。"信用风险"的典型特征是"出事的概率小，出事了不得了"。一旦债务人无法兑付，投资者就很可能面临非常严重的损失，甚至"血本无归"。过去几年有一些创造出来的固定收益产品，如 P2P、分级基金优先级等，还没被捂热乎，就已经匆匆走完了全生命周期，被市场清退。这个过程也给投资者带来了惨痛的教训。

在本章中，我们将选择几种常见的固定收益产品，通过一些场景和故事，使大家去理解它们的风险所在。

1. 钱存银行就能高枕无忧?

在投资者心目中，银行信用几乎等同于国家信用，也从不相信把钱存在银行里会取不出来。但 2023 年发生在美国的闹剧则让世界人民大跌眼镜。这一年的 3 月 10 日，美国银行监管机构宣布关闭硅谷银行。在一夜之间，这家已有 40 余年历史，总资产超过 2000 亿美元的全美第十六大银行，就把它的储户们全部"推倒在了沙滩上"。

到这里故事还没有结束。硅谷银行关门在美国银行业引发了连锁反应：签名银行、西太平洋银行、第一共和银行也纷纷中枪倒下，中小银行界几乎人人自危。3 月 15 日，全球第五大金融集团、管理着 9 万亿元财富的瑞士信贷银行也受到波及，并在同一年的 6 月被瑞银集团收购。

像银行关门、破产这样的事情，在我国部分地区也发生过，只不过影响面积不像美国银行业危机这样宽广。

早在 1998 年，当时海南省唯一的股份制商业银行海南发展银行就因为无法清偿到期债务，被中国人民银行依法关闭。2001 年 8 月，汕头市商业银行被勒令停业整顿，原因是中国人民银行发现其 100 亿元贷款里竟然有高达 40 亿元的坏账。2019 年 5 月，拥有超过 5000 亿元总资产、1 万多名员工的包商银行突然被中国人民银行、原中国银保监会联合接管，并在一年之后被裁定破产，成为近年来对我国银行业影响最为深远的事件之一。

如果下沉到农商行、村镇银行层面，出状况的频率就更高了。除了工、农、中、建、交五大国有银行，招商、中信、浦发等股份制银行，我国还生存着近4000家中小银行，这些中小银行的生存环境远没有想象中那么滋润。根据监管部门的统计，2022年我国农合机构（包括农村商业银行、农村合作银行、农村信用社）、村镇银行中被评为高风险机构的数量合计超过了330家。2022年，河南省村镇银行风险事件更是震惊了全国。

支付利息从储户手上吸收存款，然后以更高的利率把钱贷出去，是银行最基本的经营模式。直观上会觉得这是一个稳赚不赔的生意，却很容易忽略期限匹配的问题。假如储户只存了1年定期，银行却将这笔钱放贷了10年，1年之后就算贷款还是好贷款，银行也没有钱向储户兑付。另外，在一些特殊的情况下，储户对风险的恐惧骤然升级，会出现不计代价去银行取钱的情况，这种挤兑风潮，任何银行都扛不住。

银行因流动性问题引发的信用危机，是储户本金产生风险的主要原因。比如硅谷银行，在低利率时期为了提高回报，配置了很多期限长、变现能力差的住房抵押证券相关产品，随着美联储进入加息周期，银行的存款大量流失，并最终因为资产负债表两端的期限和收益错配酿成了苦果。而在硅谷银行倒下后，美国储户对这一类的银行都失去信心，普遍形成"挤兑"，很多本来正常运转的银行也被冲垮了。

除此以外，因为经营失误、胡乱放贷而引起的坏账问题，也会导致银行资不抵债、入不敷出。一些规模较小、公司治理混乱、管理粗放的小银行，甚至可能会出现股东勾结、暗箱交易、卷款跑路的情况，进而损害储户的利益。

以上事件说明，银行也并不是100%靠谱的。而且银行危机的爆发通常十分迅猛，甚至在很多储户还没有搞清楚的时候，就已经取不出钱来了。硅谷银行在2023年3月8日时还只是公告了一个流动性应急方案，结果没想到挤兑来得这么凶猛，2天后就不得不关门了。

好消息是，在绝大多数国家，政府都会在危急关头努力保护中小储户的利益，尽量避免银行业风险造成全民恐慌和对公众造成AOE（Area of effect）伤害。早在1933年美国就建立了存款保险制度，并成立了专业化的联邦存款保险公司（简称"FDIC"），银行向FDIC统一缴纳保险费，一旦出现流动性危机，FDIC将对存款人提供最高25万美元的赔付额。在美国本轮银行业危机中，政府为了稳定预期，防止挤兑，甚至一度取消了存款保险的赔付上限，对储户存款进行全额保护。2015年5月，我国也建立了存款保险制度，个人和企业，一般存款和大额存单，都在保险范围里，保险机构对存款人的赔付上限为 50 万元。

除了有存款保险兜底，我国对银行业的监管也是非常严格的。像包商银行躺倒时虽然规模不小，但在监管部门的统筹下并没有出现储户挤兑银行的情况，只要储户心里有底，风险就不会扩散。

由此看来，储户把钱存在正规银行里，是不用太紧张的。如果储户的钱款数额较多，稳妥起见可以将其存储在大型银行。但是要注意，这里说的是"银行"！有一些不是银行的机构也用承诺"保本"的方式集资，那是非常危险的。

2. 银行理财还能亏本?

2022 年是一个令人惊奇的年份，因为投资者可能会发现，自己买的银行理财竟然亏钱了！

2012 年开始，银行存款利率进入下降通道，银行理财几乎一直是老百姓无风险投资的替代品。虽然银行通常不对自己发行的理财产品进行保本承诺，却广泛使用了"预期收益率"这个词语，产品到期时也按照预期收益进行了兑付。出于对银行的信任，投资者并不会过多怀疑"预期收益率"靠不靠谱的问题。

在部分时间窗口，银行理财的预期收益率能够比同样期限的定期存款利率高差不多 3 个百分点，投资者认为两者风险性质是相同的——只要银行不倒，就不必担心兑付问题。这使得大量的储蓄资金流向银行理财。从 2012 年到 2016 年，我国银行理财产品的资金余额由不到 5 万亿元增长到 30 万亿元。银行理财与居民储蓄存款规模的比值，也由 2012 年的约 1:6 上升到 2016 年底的 1:2。

（万亿元）

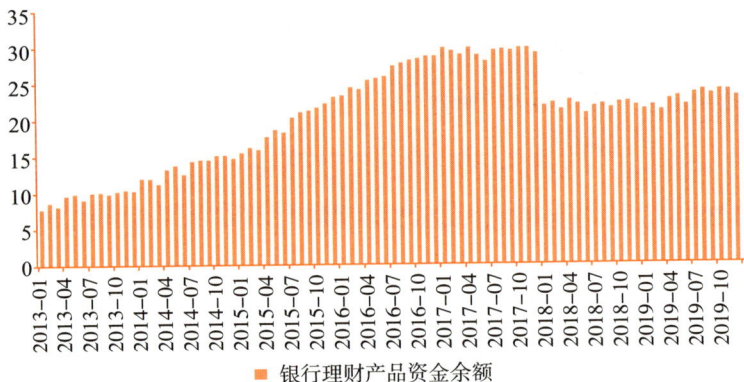

银行理财产品资金余额

注：2013—2017 年是银行理财高速成长的时期，巅峰期资金余额突破了 30 万亿元，直到今天，这个纪录尚未被超越。

图 2-1　银行理财规模高速增长 ①

众多储户一直保持着银行理财不亏钱的惯性思维，而现

---

① 数据来源：WIND 金融终端，中国理财网。

实已经开始发生重大变化，现实和惯性思维之间呈现出的差异造就了我们的"惊奇"。

2017 年，资管新规横空出世，对银行理财的发展带来了颠覆式的影响。资管新规的全称是《关于规范金融机构资产管理业务的指导意见》，2017 年 11 月 17 日出台征求意见稿，2018 年 4 月又出台了正式稿，在历经 3 年的过渡期后①，于 2022 年正式施行。

资管新规的核心理念是"非保本""净值化""破刚兑"等，细节内容有很多，总体上说明了一件事情，从此以后，投资者买银行理财与存钱不一样了。

如果银行能较为自由地使用理财产品募集的资金，并对理财产品进行"刚兑"，那么我们购买的银行理财其实就相当于在银行的存款。但在现有的会计体系中，银行理财的资金并不会被记录为存款。所以银行理财其实是一个游移在银行资产负债表以外的"资金池"。

存款相当于银行对储户的负债，如果存款相对于银行自有资本太高的话，银行就会面临经营风险。所以，一家银行能吸收多少存款，监管部门是有严格限制的。结果呢，银行

---

① 资管新规正式稿规定过渡期到 2020 年底，但受新冠疫情等因素影响，2020 年 8 月，中国人民银行会同发展改革委、财政部、原银保监会、证监会、外汇局等部门审慎研究决定，资管新规过渡期延长至 2021 年底。

理财大发展，表外"资金池"盛行，出现了一大片"看起来不是存款，实际上就是存款"的沃土，关键监管机关还不清楚这些存款的规模究竟有多大，风险隐患就加大了。

资管新规就是为了拆掉这个炸弹而出现的，肩负降低银行体系系统性风险的使命。但站在投资者的角度，如果资管新规得到落实，银行理财产品和银行信用的关系就会大幅减弱，银行理财产品无风险资产的属性也就消失了。

随着以往预期收益型理财的消失，我们或许会有一种"被断了财路"的感觉。但这个问题也要从多个角度来看：银行"保本"也好，"刚兑"也好，都是一种强行压制个案风险行为。30万亿元的"刚兑"理财高悬头顶，其中大量资金还流入了房地产等风险较高的领域，一旦出现大范围的信用危机，银行是兜不起的，这会让整个金融系统陷入混乱。覆巢之下，焉有完卵。及时变革，也是维护投资者的长期利益。

最后，我们回到开始的问题，来解释一下银行理财为什么亏钱。

从产品结构上讲，银行理财像是一个"套娃"，表面上投资者买到的是理财产品，其实是通过理财间接买到了债券、银行票据等底层资产。在净值化转型之前，银行只会给我们报一个理财的预期收益率，至于底层资产的价值如何，银行觉得投资者不需要知道——反正不会亏就是了。

在净值化转型之后，银行理财拥有了一个实时披露、动态变化的"产品净值"，银行理财的实际收益反映在净值的变动上。当理财底层资产的价值上涨，产品净值就上升；底层资产的价值下降，产品净值就下降。我们所说的银行理财亏钱，更标准的表述是：银行理财的产品净值下降了。如果投资者购买理财的时间恰好是在前期的净值高点，就会阶段性出现负收益。

但到这里这个问题还没有答完。令人疑惑的是，既然理财的底层资产都是债券、银行票据这些东西，听起来风险不大啊，那净值为什么还会下降呢？我们会在下一节里专门讨论这个问题。

自从 2022 年资管新规落地以来，已经出现过好几次银行理财净值大面积下跌的情况。比如 2022 年 3 月、11 月债券价格大幅回撤，导致亏钱的银行理财数量激增，其中 11 月还因为"净值下跌—投资者赎回—管理人抛售—净值继续下跌"的负循环效应，引发了银行理财的抛售潮。2023 年 9 月，银行理财产品再一次出现了批量亏钱的情况，很多中低风险等级的理财产品的近月收益率都是负数。

银行理财关于投资收益的表述从"预期收益"转向"净值"或者"业绩比较基准"，的确会让投资者不太习惯。让风险厌恶的投资者接受亏损——哪怕只是临时的亏损都很困难，因此很多买理财的资金还是被挤到了其他地方。类似银行大额存单这种东西，收益率不高不低，在银行理财流行的时期毫无存在感；净值化转型之后大家在银行理财上吃了点小亏，"保本"的大额存单一下子就成香饽饽了，投资者排队购买、大额存单瞬间秒光的盛况由此出现。

3. 普通人买债券要注意什么？

前面提到过，固定收益投资是以债权债务关系为基础的，本质上就是"放贷吃利息"。虽然这种经济关系古来有之，但仔细想想，现代社会普通投资者想对外放贷并不容易。

投资者可以通过把钱存在银行里，银行再把钱借出去间接实现对外放贷，但投资者却很少有机会像银行那样直接把钱借给企业和个人。少数熟人间的借贷往来，与其说是金钱债，不如说是人情债，并不能作为一种正经的投资方式。还有一点要提醒的是，在民间借贷中，只有 LPR（贷款市场报价利率）4 倍以内的利息才是受法律保护的，2023 年 1 年期的 LPR 为 3.65%，这个数字的 4 倍就是 14.6%，超出 14.6% 的部分如果借款人死扛不还，贷款人也就只能认栽了。

对于普通人来说，买债券是一种近似对外放贷的方式。债券是政府、企业、金融机构等债务人，为筹集资金，按照法定程序发行的有价证券，绝大多数债券都会列明债务利率和还本付息的期限。投资者购买并持有债券，就相当于把钱借给了债券发行人。经过多年的发展，债券已经是一种非常重要的资本市场融资工具，我国债券市场总存量已经超过了140万亿元。但对于个人来说，买债券的投资方式并不普遍。

客观原因是个人直接买债券门槛很高，渠道也受限制。过去，老百姓能买到的债券只有储蓄型国债，这种国债的利息比银行存款高一点，到期之前没法交易。即便这样，投资者想要购买也需要去银行排长队。2002年，银行间市场债券柜台业务启动，最开始只有记账式国债在售，渐渐地地方政府债、政策性金融债、一些高评级的企业债也能买到了，但只是理论上的情形，实际上记账式国债余额依旧占据了99%以上的比例。

除了在银行柜台，投资者通过证券账户也可以购买债券，这听上去容易了许多，但交易所对券种的限制依旧很严格。如果是买进信用评级在AAA以下的债券，需要满足"合格投资者"的标准。对多数人来说，要"合格"的难度是很大的，如"年收入不低于50万元"或"证券账户资产不少于300万元"。根据证监会相关人士的披露，在交易所债券市场中个人投资者持有债券余额不足400亿元，持债占比仅0.3%，机构投资者仍是绝对主力。

其实，从实质重于形式的角度来看，投资者也没必要直接购买债券，有很多以债券作为底层资产的金融产品，如银行理财、纯债型基金，都能让投资者间接享受到债券带来的利息收入。而在一些混合型金融产品中，债券投资往往也是作为"基底"存在的。债券投资通过与股票等较高风险资产进行组合，起到稳定收益的作用。

接下来就要说说债券投资的风险了。债券有到期还本付息的属性，又可以在公开市场上进行交易。它的投资收益既关乎债券能否如期兑付，也会受到交易价格变动的影响。前面提到过，风险就是收益的不确定性，因此债券投资的风险也具有"二重性"，它兼具与兑付有关的信用风险和与价格波动有关的市场风险。

有一部分债券是由政府、央行等单位发行的，如国债。在国家信用的支持下，这一类债券的违约概率极低，几乎可以忽略不计，故其价值只会受到市场利率变化的影响，这种类型的债券被称作"利率债"。市场利率可以近似视作持有货币的无风险收益率，也相当于持有债券（而放弃持有货币）的机会成本。当市场利率抬升时，新资产的收益率都上升了，投资者会有一种卖掉旧债券的冲动，这会导致债券交易价格下降。反之，当市场利率下降时，债券交易价格也会上升。

当投资者直接或间接持有利率债的时候，债券价格波动会导致账面的浮盈或浮亏，但如果死扛到底，把债券持有到期，投资者将大概率获得票息和本金的兑付，前面的浮盈和浮亏也将逐渐消失。当然，投资者也可以选择在债券有浮盈时把它卖掉。

由此可见，利率债是一种非常稳健的、几乎不会造成实际损失的金融资产。遗憾的是，它的收益率非常低，比在银行存钱高不了多少。多数投资利率债的机构，除了基本的配置需求，主要还是奔着价差去的。对于个人投资者来说，如果想在债券上收多一点的利息，拉开与存银行的差距，就要考虑"信用债"了。

所谓的"信用债"，就是那些叠加了主体信用风险的债券。根据发行人是企业、金融机构，还是地方政府平台，信用债又可以分为"产业债""金融债""城投债"。显然，信用债的收益率会比几乎无风险的利率债要高，高出的部分也有一个专业名词，叫作"信用利差"。信用利差实际上反映的是对投资者承受的信用风险补偿。

信用债利率也会随着发行人不同而存在差异，发行人信用越好，信用利差越小，信用债利率也越低；反之，如果发行人信用一般，还想发债券，只能通过高利率来吸引投资者了。关于发行人的信用，也会有专门的信用评级机构来评价，评级机构会在研究分析发行人的实力、资质、发展前景后把它的信用等级划分为"AAA""AA"等不同的档位。国际上一些评级机构其实是非常厉害的，它只要下调某一只信用债的评级，债券价格就会大跌。

很显然，信用债一旦出现违约情况，债券持有人就很可能只能收回一小部分本金，从而蒙受巨大的损失。比如 2020 年华晨集团的债券违约，之后进入破产清算程序，据说普通债权的清偿率只有 12%，也就是说 100 元面值的债券只能收回 12 元，这是挺可怕的。别看信用债平时人畜无害，一旦选错了券，它立即就露出了獠牙，风险其实是很高的。

关于信用债，还有几点要特别提示的。

一是信用债在公开市场上的交易方式与股票很不一样，买得了不见得卖得掉。就算是机构投资者，找买家和卖家也需要依靠"QQ 群"和"朋友圈"去匹配。当发行人的信用崩坏时，坏消息会快速传导到公开市场上，大家挤在一块都想逃命，结果就是债券跌成白菜价。

不过也正是因为债券的流动性不好，价格跌得快，涨得也快，永煤债就是个很有意思的例子。

2021 年，河南永城煤电集团的一只债券没有按时向投资者支付，投资者一下子慌了，不仅永煤集团自己的债券，很多煤炭企业的债券都出现了折价大甩卖，后来永煤的信用危机阶段性化解，债券价格又涨了回去，危机中勇于接盘的人赚得盆满钵满。

在国外早就有在"垃圾债"中淘金的投资基金，在我国债券违约事件不常见，投资结果无法多次验证，真去这样操作还是有点火中取栗的意味，要接不住容易被砸扁。

二是截至目前，出现过违约的债券都是产业债，城投债还没有主动违约过。市场上也一直有着"城投信仰"的说法，"信仰"的意思就是我们也不用拿着发行人的财报分析来分析去了，相信地方政府会兜底就可以了。但要记住，相信没有发生过的事情永远不会发生，是我们关于投资的最经典的误解之一。与信仰博弈，很难一直都是赢家，就看最后谁接棒。

除了"利率债"和"信用债"，"可转换债券"也是一种特殊债券，由于它附加了转股权利，交易价格会和股票高度联动，债券的性质反而没那么突出了。关于可转债投资的事情，我们会在第三章讲。

我们一般不直接持有债券，并不意味着债券的风险就跟我们绝缘。即使是持有以债券作为底层资产的金融产品，债券的表现也会影响投资收益。如果不幸踩了个信用大雷，最后发行人还被破产清算了，产品净值就很可能被砸个大坑。在购买金融产品时看看它的投资风格，底层的债券是什么，也是自我保护的一种方式。

4."增额寿险"有哪些猫腻?

2023 年,我们经常能听到一种名为"增额寿险"的保险广告。它卖得有多火呢?据说有的保险经纪人 1 天就能卖出去上百单,1 周就能做到上千万元的保费收入,忙到连谈恋爱的时间都没有。

关于寿险的知识,我们多少会知道一些。寿险保的是人的寿命,它以被保险人的生存或死亡为给付条件。换句话说,我们买了寿险,交了保费,等到以后我们因为遇到意外等原因"挂了",保险公司就会付钱。但寿险作为保险产品中最重要的险种早就有了,不算什么新鲜事物,那么这个大卖的"增额寿险",又是何方神圣?

我们先来看一款典型的增额寿险产品的保险条款是怎样设计的:

(1)从 31 岁开始,在接下来的 5 年里,我们每年需要往自己的保险账户里存够 6000 元钱。在此期间,我们将不能取走保险账户里的钱。

(2)在第 5 年末,也就是我们年满 35 岁的那年,我们的保险账户余额将变成 30420 元。

（3）从第 6 年开始，这 30420 元将按照 3.5% 的复利利率增值，直到我们"挂了"。在这期间，我们可以随时退保，拿钱走人。

由此看出，增额寿险中的"增额"二字，是指保单的有效保额每年以一定比例的复利（如 3.5%）递增；而保额可以在退保时取出来，于是它就具有了理财功能。增额寿险突然受到追捧，肯定不是因为大家觉得自己"挂掉"的概率变高了，而是看到"复利"那两个字眼睛亮了。

从增额寿险的广告语里我们就能看出，它的主打卖点正是它的理财功能。什么"锁定最后复利 3.5% 的机会，抓紧上车""7 月倒计时！您今天看到的 3.5% 收益，或将成为天花板！"等。感觉此时不买增额寿险，下半辈子就穷定了。

3.5% 的收益率高吗？其实不算高，放在前几年根本不够看。不过今天的市场环境不一样了，2019 年以后，利率不断下滑，很多人都担心这个趋势会继续下去，害怕今天对"3.5%"爱搭不理，明天就高攀不起。锁定"终生"的投资收益率，是增额寿险的根本吸引力之所在。

除此以外，增额寿险产品会把"预期利率"写进合同，就差把"保本"两个字贴在脸上了，仅这一条就足以吊打资管新规后的银行理财，这在利率恐慌的时期尤其加分。我国《保险法》第 92 条也规定，即便寿险公司破产，国家也会安排其他公司接管保单，2008 年成立的国家保险保障基金则承担了终极接管的角色。增额寿险和银行理财、信托等金融产品相比，安全系数似乎还要更高。

这是不是意味着，我们只要交了保费，似乎就可以开开心心吃着火锅，靠复利躺赢了呢？

这里面还是有一些细节需要我们注意。

按照保险产品一贯的"让你听不懂就对了"的风格，一些增额寿险产品也会给投资者"挖坑"。比如有的产品设置了从账户提款的年龄限制，如满 60 岁，60 岁以前我们就只能看着账户穷开心；比如有些产品设置了花样繁多的"减保规则"，投资者要用钱时发现保单里的"现金价值"根本取不出来；又比如有的保险推荐单里会把"复利率"换算成"单利率"来吸引你，但其实并非"所见即所得"。

除却这些情况，增额寿险对普通投资者来说还是比较"友好"的。毕竟不是每个人都有专业的投资能力，省心安全就成为增额寿险的优势；况且在未来，能扛住通货膨胀率的固定收益产品也不会那么好找。

可当增额寿险卖得正火之时，监管部门却来浇了一盆冷水，要求把 3.5% 预定利率的增额寿险下架。从此以后增额寿险告别 3.5%，进入了 3.0% 时代。监管部门要求增额寿险降利率的目的何在，让老百姓多拿一点利息不好吗？

监管部门每次出手，其实都是因为一件事情——去化解那些我们每个人平时感受不到、爆发了又不得了的系统性风险。监管机关担心的是，保险理财如果过快发展，可能诱导保险公司去做出那些超出自身承受能力的承诺，在未来会引发难以兜住的全行业伤害。

早在 2022 年 11 月，原银保监会就发布了《关于近期人身保险产品问题的通报》，其中就涉及了增额寿险。对保险产品定性的一个最主要的问题正是"投资收益假设超公司近 5 年平均投资收益率水平"。监管机关向保险公司传达的是，"保险公司投资都不能实现每年 3.5% 的收益，凭什么向投保人做出承诺"。对于很多中小型的保险公司来说，可能压根顾不上这个问题，如果现在收不到保费，公司上下都要"起义"了，谁管得了二三十年之后的偿付压力呢？

这里我们多讲一些关于保险公司经营风险的知识，对理解保险理财的风险是有帮助的。从功能起源来看，保险公司赚钱主要依靠保费和实际赔付之间的差值。以寿险为例，保险公司预计 100 个买保险的人未来有 5 个人会出险，收了 5 人份的保费（保费费率 5%），结果未来只有 3 个人出险，最后保险公司少赔了 2 个人，省下来的赔付金就是保险公司的利润，被称为"死差"。这个生意看起来不错，但遗憾的是，因为保险公司的激烈竞争保费费率上不去，而准确预测投保人寿命这件事情实在是太难了，靠"死差"挣钱是不太可能的。

后来，为了解决盈利的问题，保险公司想到了一个办法，即可以把收到的保费在赔出去之前，用于投资获利。为了吸引更多的人投保，保险公司将保险功能和理财功能相结合，开发了诸如增额寿险、年金险、投连险等投资型保险。实际投资回报和向投资者支付的收益之差，被称为"利差"。随着"利差"越来越大，保险公司投资业务逐渐从副业变成了主业，新的经营模式用一句话概括就是：死差不够，利差来补。

这种模式要持续下去的前提是利差要稳定，本来收的保费可能都不够赔付了，万一投资投亏了，就更玩不转了。这会造成保险公司的流动性危机，最终影响所有投保人的利益。所以，保险公司天然不应该投资风险较高的资产。像增额寿险这样的产品，希望通过锁定高预定收益率提升保险产品的吸引力，在一定程度上是违背了保险业务初衷的。假如真有一天进入了零利率时代，投资者无法获得高收益率，凭什么保险公司就可以。如果保险公司也不可以，又拿什么兑现给投资者高回报的承诺——这是增额寿险产品最大的问题。

保险行业的资产负债规模很大，里面聚集了无数老百姓的血汗钱，一旦保险行业出现系统性风险，后果难以想象。

而防风险这件事情，也不能全靠国家兜底去救。到 2021 年 12 月底，我国保险保障基金余额也不过 1800 亿元，而 2018 年接管安邦保险，就出资了 608 亿元。再多来几个"坏孩子"的话，国家也无能为力。所以，监管部门下架 3.5% 的增额寿险，现在做"坏人"，其实是为大家的长远利益考虑。

5. "真香"的信托怎么就成了"雷区"？

2023 年的信托行业，天雷滚滚。

2023 年 5 月，新华信托因资不抵债且无人接盘，被重庆第五中级人民法院裁定破产，成为我国自 2001 年信托法颁布以来第一家破产的信托公司。

同月，雪松控股集团下属多家公司因涉嫌非法吸收公众存款被立案调查，其旗下的雪松信托也身陷其中，合计有高达 200 亿元左右的信托理财规模"生死未卜"，涉及投资人约 8000 人。

2023 年 9 月，多次登顶信托收入排行榜的中融信托首次官宣部分信托产品无法按期兑付，市场预计出险资金池的规模将超过千亿元。

2023 年 11~12 月，中泰信托、万向信托、四川信托旗下多个产品宣布打折兑付，成千上万的投资者连"回本"都成为奢望。

而曾几何时，信托还是金融行业的"香饽饽"。记得2009年毕业工作时，有同学去信托公司上班，还会被在银行、券商工作的小伙伴看不上。结果等后来见识到信托公司的年终奖水平，自尊心碎了一地。

2009年末，我国的信托资产余额才不过2万亿元，到2017年末，已经增长到27万亿元。8年的时间增长超过10倍，这是信托行业最黄金的年代。

关于信托行业的爆发，除了银行想借信托通道将资产"出表"以外，信托理财产品对投资者强大的吸引力也功不可没。那时候，信托理财的预期年化收益率普遍都在10%以上。谁又能在10%的年化收益率面前不动心呢？很多达不到信托理财认购门槛的投资者，几家凑一凑，也要抱团"上车"。

那么，信托理财的收益率为什么能有10%？有以下几方面原因。

第一个原因是信托理财资金大量流向了对资金需求旺盛的房地产和政府信用领域，其资金回报率天然较高。

过去20年，我国房地产市场的发展如火如荼，房价一路上涨，开发商的毛利丰厚。即使是10%的融资成本，也可以通过快速周转迅速摊薄。在这一段时期，我国楼市政策时紧时松，但主基调是在规范和约束，房地产融资受监管关注多，一直都是偏紧的。由于银行等传统金融体系的资金供给无法满足房企的融资需求，非标融资渠道就应运而生，房地产信托就是其中"最靓的一个仔"。一边开发商想借钱，另一边投资者在找高息的理财产品，大家一拍即合。

除了房地产，与地方政府融资平台有关的债权也是信托资金的另一个去向，做这一类业务的信托被统称为政信信托。为了快速筹钱搞建设，地方政府融资平台会向资金方承诺比较高的融资利率，而且越穷的地方，融资利率越高。关于将来怎么还钱，却并没有一个明确的方案。

投资人的高收益和融资方的高成本是一个硬币的两面。随着信托规模的膨胀，开发商和地方政府的债务负担也日益沉重，只是当时投资者对其中信用风险并不十分担心——"经济景气，房子好卖，而且政府、开发商和信托公司听起来都实力很强的样子，总不会罔顾老百姓的利益不管吧"。我们管这种侥幸心理叫作"刚兑信仰"。

支撑信托理财高收益率的第二个原因是信托公司做了很多产品结构的创造。那时候信托产品中的各种法律关系、合约安排极其复杂，普通人根本看不懂，只能"不明觉厉"。

我们来举个例子说明。

假设某信托产品把资金以 8% 的利率借给了房地产企业，

却想给投资者提供 12% 以上的年化回报。有没有什么办法？

信托公司还真想到了解决方案，一个被称为"结构化信托"的产品创新横空出世了①。信托公司把它的某一产品分为了不同层次的份额，不同层次的份额的预期收益率不同，当然本金收益的分配顺序也不一样；收益低、先分配的份额被称为"优先级"，收益高、后分配的份额被称为"劣后级"；"优先级""劣后级"可以按需要卖给不同的投资者。

用简单的数学公式就可以算出，如果信托产品有优先级、劣后级两个层级，份额比例为 1:1，同时信托产品对外投资（比如把钱借给房地产企业）的收益率是 8%，不考虑信托公司收取的管理费用，当优先级份额给投资者收益率是 4%时，劣后级就是 12%；当优先级收益率是 3% 时，劣后级就是13%。有了优先级投资者在那里"助力"，劣后级投资者就可以买到收益超过 10% 的信托理财产品了。

那么优先级投资者为什么愿意当"雷锋"呢？这是因为优先级投资者通常是银行等一些大型金融机构，收益率只是它们关注的问题之一，更头疼的是"有钱不能贷"的麻烦。购买信托优先级，在银行的资产负债表上体现为"同业资产"，

---

① 2010 年随着原银监会《关于加强信托公司结构化信托业务监管有关问题的通知》发布，信托非标结构化产品兴起。

看上去和"房地产""股市"无关，但实际上就是把信贷资金投向了那些因为监管约束而无法介入的领域。与此同时，信托优先级份额的收益率虽然低于信托投资的整体回报，但相对于存款利率依旧非常高，把它打包成银行理财产品卖给客户揽储刚刚合适。

根据风险与收益匹配的原则，劣后级投资者需要承担比较高的风险。但生活在"刚兑信仰"下的投资者并没有真正领会到"劣后"的压力——如果本息兑付板上钉钉，分配顺序就形同虚设，很多信托公司的管理层抢自家劣后级产品比外面的投资者还凶。

一个"结构化信托"，不仅滋养出了天量的信托理财，也哺育出了天量的银行理财，说它是固定收益投资的"超级奶妈"一点都不为过。

在城市化突飞猛进的时代背景下，信托理财给投资者提供了一批非常特别的产品供给——收益很高，看上去风险也可控，的确很"爽"。但在财富管理的世界里，"爽"是一时的，敲鼓的时候大家都很兴奋，只是看风险之花最后传到谁的手上。

2014年1月，中诚信托旗下一个30亿元的信托计划宣布延期兑付，成为我国信托史上的第一声惊雷，一下子就炸醒了欢喜的人群——原来我们意念中的信托刚兑其实并没有那么"刚"啊。

信托理财的底层资产，本质上就是对开发商、地方政府平台的"非标债权"，然后又通过"结构化""期限错配"等方式增厚了收益率，使其更具吸引力。好的时候自然大家都好，但一旦底层资产的系统性风险升级，整个信托理财也将面临巨大的压力。历史已经快速证明，地产行业不存在什么"大而不倒"，政府平台未必不能违约，信托公司也可能会破产。再强大的信仰，也敌不过冷冰冰的金融商业规则。尤其在债务规模已经很大的时候，靠临时性危机应对已经很难阻止风险的集中暴露。2019年之后，信托行业就进入了爆雷频发期，2023年更是达到高潮。

在雷声迭起的时候，信托转身就从昔日的"香饽饽"化为富人收割机，"凑份子"上车的投资者也被波及。此外，很多所谓的产品创新在信托计划之上还套了很多新的产品（比如券商资管买信托，投资者再去买券商资管产品），让投资门槛进一步降低，底层资产的信用风险借此向更广泛的大众传导。

这些乱象让监管部门雷霆震怒。2016年以后"降杠杆、防风险"成为监管主基调，以信托通道为代表的影子银行在强光下被照得透亮。2018年资管新规发布后，"非标＋结构化"的模式逐渐退隐江湖。高收益率的信托理财也成为绝唱。信托理财发展历程，一直被认为是"非标投资"的兴衰史，普通投资者究竟应不应该参与"非标投资"也饱受争议。关于

"非标投资"的更多细节，我们将在第五章中详细来讲。

6. "P2P"是如何消失的？

当下 10% 的年化收益率已更像是骗子圈钱的话术，而在 2012—2017 年的几年间，我们并未对这个问题感到困扰，因为我们有 P2P！

现在大家对"P2P"这个词语已经有点陌生，但几年前它可是红极一时。P2P 是英文"peer to peer lending"的缩写，是一个源自英美的舶来品。根据我国的官方定义，P2P 借贷是指个体和个体之间通过互联网平台实现的直接借贷，属于民间借贷范畴。A 如果想借钱，可以把自己的需求、愿意支付的利率以及自己的一些基本情况放在 P2P 平台网站上，如果 B 手上有闲钱，就可以通过平台把钱借给 A 并收取利息。

和民间借贷及传统小贷公司相比，P2P 因为它的信息技术平台也显得更有技术含量。绝大多数 P2P 借贷操作都是通过电脑和手机来完成的，很多 P2P 平台还开发了一些炫酷功能，比如根据投资者设定的预期收益率（你大可以设置到 15% 以上）自动匹配产品，或者让你每天从极具科技感的图表上感受到利息进账的过程。2012 年，"互联网 +"理念刚刚兴起，P2P 恰到好处地卡住了身位，成为"互联网 +"在金融行业的示范生。

但仅仅如此还不足以让 P2P 风靡全国，最终征服人心的还是依靠它"高收益率＋低门槛"的完美组合。10%+ 的年化收益率成了当时 P2P 平台的基本操作，达不到这个水平的 P2P 都不好意思出来混。而与动辄上百万元起投门槛的信托产品相比，P2P 的起投额又实在是太亲民了，50 元钱都可以！

图 2-2　当年的头部 P2P 都以出圈的广告语和高收益而闻名

P2P 铺天盖地的宣传海报，简直就是穷人也可以奔向财富自由的战斗檄文。乘着政策东风，P2P 在中国遍地开花；最高峰时数量超过了 5000 家，贷款余额达到 1.2 万亿元。由于这些 P2P 平台的产品通常都叫作"××宝"，"宝宝军团"能不能颠覆传统银行竟然成为那时最热门的讨论。

P2P 春风浩荡之下，讳莫如深的只有投资者所面临的风险。其实一个问题就足以把我们问倒了，我们拿利息拿得开心，但什么样的产业、什么样的人，能够承受 15% 的融资成本呢？

关于 P2P 高收益率的官方解释是，P2P 平台触达的是传统金融机构覆盖不到的长尾客户，满足的是借款人短期紧急的资金需求。由于钱是急用的，借款周期也不长，借款人对利率不会那么敏感，而按照银行的风控标准、审核周期，这钱本来也借不到，所以借款人愿意承担 15% 以上融资成本也没什么不合理。

还有一种民间的说法是，P2P 让借款人、贷款人在网上直接交易，少了很多中间环节，这些成本让利给了客户。跟淘宝、京东、拼多多让商品变便宜的道理是一样的。

但很显然，这些解释都很片面，没有触及 P2P 中的根本缺陷。买东西这件事情，小额高频，买错了可以找人退货，实在不行认栽了损失也有限；但在 P2P 平台上借钱却是大额低频，客群是长尾，需求是急用，借款人无法按期还款的情况一定是常见的。由于信用风险存在高违约率、高损失率的特点，P2P 的客户准入门槛又比较低，产品和客群其实是错位的。P2P 平台上的一笔债权成为"不良"稀松平常，背后却很可能是一个家庭不可承受之重，会诱发一连串社会问题。

监管部门一直都在严格限制普通人去进行高风险的投资，但凡我们要买风险高一点、结构复杂一点的金融产品都必须符合"合格投资人"的门槛要求。这部分人群收入高、家底厚、金融知识也相对丰富，就算亏损了也不会影响生计，就不用老是担心他们想当韭菜的冲动了。

在金融行业，中间环节的成本也未必都能省。比如银行拿走了借贷之间的利差，但它也贡献了自己的信用来保证我们的存款安全。成立没几年时间的 P2P 平台，它愿意承担、能够承担同样的角色吗？

结果，P2P 平台还真愿意了！在实际运行中，绝大多数 P2P 平台都运用自己的资金对投资者进行了刚兑。P2P 平台往往不会主动披露贷款风险——如果它这么干，大家也不会来这个平台上买产品。而且，一旦投资者堵门的事情被监管部门知道，公司大概率也开不下去了。

如果 P2P 平台对投资者进行刚兑，它其实与一家银行无异。我们要注意的是，P2P 和传统的小贷公司是不一样的，后者并不能向公众募集资金，所以有募资能力的 P2P 更像是小银行。可银行是可以随便开的吗？监管部门的严格监管，拨备覆盖率和资本充足率的红线要求，叠加存款保险制度，都在确保储户的存款万无一失。

P2P 实际上也承担着对众多投资者的兑付责任，只不过当它迎风而涨，规模在几年间突破万亿元之时，全社会甚至还没有想清楚究竟应该由谁来监管，这就是一件比较疯狂的事情了。P2P 投资的真实风险早已经超出了它们的承受能力，只不过那时的我们被扑朔迷离的高收益率蛊惑，还做着"大而不倒"的美梦。P2P 几乎以一己之力扭曲了全社会对无风险收益率的判断，让老百姓觉得年化 10% 是合理的，这对金融环境健康不是什么好事。

更加可怕的是，P2P 引发了一系列道德问题。P2P 在诞生后的几年内，就发展成为拥有 5000 家机构的大卖场，光看这个速度和数字就能猜到这里面有多么鱼龙混杂。有些机构面对着大量投资款动了歪心思，把 P2P 业务变成了一场庞氏骗局。

骗术的精髓在于，一些 P2P 平台开始用投资者的本金还投资者的利息。按 15%~20% 的年化利率，一个投资者的本金作为利息返给他也可以支持 4~5 年的时间，如果 P2P 平台上投资者的数量是增长的，利息支出在源源涌入的本金面前更是不值一提，多出的部分足够平台管理者去花天酒地发奖金。很显然，投资者在平台上看到的那些"投资项目"都是创造出来的。这恰好印证了那句老话，"你惦记着别人的利息，别人惦记着你的本金"。

一旦 P2P 的规模停止增长，这个游戏就玩不下去了，高额利息支出很快就会把 P2P 平台压垮。2018 年，P2P 的爆雷潮出现，一时间画风逆转，"哪个 P2P 跑路了"不再是新闻了，"哪个 P2P 没有跑路"才值得关注。根据咨询机构的统计，到 2018 年 8 月为止，中国 P2P 网贷停业及问题平台超过 850 家，整体涉案金额超过 8000 亿元，波及用户规模超过 1500 万人。大家最不愿看到的情况还是出现了。

在监管部门的介入下，整个 P2P 行业进入了大清退周期。2020 年 11 月 27 日是一个历史性的时刻，原中国银保监会对外透露，全国实际运营的 P2P 网贷机构已完全归零，从 2012 年算起刚刚 8 年时间。P2P 也借此成为最短命的金融产品之一。

如今，很多从大学校园走出的年轻人对"P2P"这个词语已是一脸漠然，很多人正渐渐淡忘那一场由"××宝"们掀起的腥风血雨。这个故事跌宕起伏，但反映出来的道理似乎又太简单了。高收益率叠加低风险的固定收益投资天然是不存在的，如果它出现了，必然无法长久。

良性退出的平台有：陆金所、宜人贷、拍拍贷、你我贷、小赢网金、翼龙贷、友金服、洋钱罐、挖财、360你财富、合众e贷、黄河金融、鹏金所、桔子理财、搜易贷、微贷网、51人品等。

爆雷投资者最多的平台有：小牛在线、凤凰金融、宜贷网、民贷天下、团贷网、网利宝、理想宝、轻易贷、钱盆网、抱财网、小微金融、百金贷、红岭创投、人人贷、铜板街、有利网等。

经侦或立案平台投资者较多的有：积木盒子、投哪网、信而富、利民网、花虾金融、拓道金服、信和大金融、钱宝、麦子理财、厚本金融、铜掌柜、宜贷网、e速贷、招商贷、宝象金融等。

跑路或投案自首平台投资者较多的有：投融家、银豆网、银湖网、钱多多、向上金服、PPmoney、泰然金融、捞财宝、互融宝、花生米富、好又贷、小鸡理财、广信贷、银承派、中兴财富等。

其他问题平台有：人人聚财、票据宝、网信惠普、银谷在线、德众金融、钱爸爸钱妈妈、钱保姆、钱牛牛、熊猫金库、温商贷、米族金融、荷包金融、易通贷、付融宝、超额宝、唐小僧等。

注：2018年中国P2P网贷问题平台数量已经超过850+，能善终的只占少数。

图2-3　P2P网贷平台大面积退出

总结和启示

1. 固定收益投资会面临债务人借钱不还的"信用风险"。"信用风险"的典型特征是"出事的概率小，出事了不得了"，曾给投资者带来过惨痛教训。

2. 银行也有可能破产关门，但把钱存在银行依旧是最安全的投资方式，50万元以下的存款会受到存款保险的保护。

3. 在资管新规出台以后，因为净值化的原因，低风险的银行理财也有可能出现暂时的浮亏。

4. 债券看起来很稳当，但要防止在信用债上"踩雷"，不然进去时是一条龙，出来的可能是一只蚯蚓。

5. 保单受法律保障，增额寿险看起来是对抗利率下行和通胀的神器，但记得把收益率、减保规则等要素看清楚。

6. 收益率过高的固定收益产品不可能长期存在。我们在信托和P2P上都吃过大亏。所以，一年10%的事情，就别想了。

7. 以史为鉴，投资圈没有什么"大而不倒"。

第三章

股票篇：炒股为什么总是亏？

在所有的金融资产中，股票最让人五味杂陈。在投资者的印象中，它是"恨铁不成钢"的典范。

但本书却先要为股市"正名"！

因为从数据来看，A股的实际收益率并没有我们想象中那么不堪。成立至今，A股的上证综合指数上涨了30倍，深圳成分指数上涨了9倍，中证500指数上涨了5倍；2010年成立的创业板指数磕磕绊绊，也上涨了1倍。同时，在1990—2023年的34个交易年份中，有19个年份大盘是以上涨报收的，占比达到了56%。

平心而论，A股的成绩单离投资者的期望尚有距离，但它也算不上最差的学生。

"股神"巴菲特等投资大师一直都对股市倍加推崇，也有他们充分的理由——虽然短期的波动无法预测也难以避免，但从长期来看，股市将会给它的忠实拥趸带来极其惊人的回报。有人专门做了测算：假定有人在19世纪初用1美元投资美国股市，那么到2017年，这1美元的购买力将会增加134

万倍。这也说明，股票战胜了所有的资产。

从资产性质来说，股票的本质是企业的所有权份额，股票的持有者可以永久享受企业的分红。显然，如果企业经营得好，股票也会有一个坚实的价值底部。普通投资者在股市中买到的是上市公司的股票，而上市公司一般都是经济体中最优秀企业的代表。那么买进 A 股，是不是意味着我们成了全世界最优秀的经济体中最优秀企业的股东？

可我们的困惑和质疑依旧没有散去，反而更加深重了。既然股市，尤其是 A 股有这么多优点，为什么我们总觉得"一入股市深似海""不是被套住，就是在解套的路上"？

在本章中，我们将逐渐发现，认知和行为是如何让我们在一个赚钱的市场中亏钱的。

1."高买低卖"的魔咒

用三个字来形容最近两年中国股民的心情，那便是——跌麻了。自 2021 年初开始，沪深 300 指数的累计跌幅超过了 40%，而像创业板指数、科创 50 指数等，已经自高点"腰斩"。不论是机构还是散户，几乎任何风格的投资者，在这波泥沙俱下中都难以幸免。

随着大盘指数的不断下探，市场人气也跌入冰点。2023

年 10 月，上交所新增开户数只有 110 万户，这已经是 2015 年以来的最低水平①。目前，股市投资几乎降到了冰点，只能用"凄凄惨惨戚戚"来形容。

回顾一下 A 股近 20 年的发展历程，"极度低迷"的时期也曾出现过几次。

第一次出现在 2005 年，当年 6 月上证指数跌破 1000 点，留下了一个著名的"998"，这是 1997 年以来的最低值；2005 年全年 A 股的新增开户数只有 119 万户，用"无人问津"四个字来形容当时的股市一点也不为过。

第二次出现在 2013—2014 年，上证指数在长达数年的时间里，完全无视中国经济的蓬勃发展，点位一直倦怠地徘徊在 2000~2300 之间，A 股的综合市盈率早已经处于 21 世纪以来、全世界各国的最低水平。投资者心如死灰，2013 年 A 股的新增开户数为 786 万户，大约是 2007 年的 1/6。

后面发生的事情却是当时的投资者未曾想到的。在"998"过去没多久，A 股市场就迎来了大爆发。上证指数以迅雷不及掩耳之势完成了 2 年 500% 的惊人涨幅，2007 年 9 月创下的 6124 点纪录直到今天"一直被仰望，从未被超越"。8 年之后，在经历了 2013—2014 年的低谷后，A 股再次迎来了大牛

---

① 2022 年开始，深交所不再公布新增开户数的统计数据。

市，2015 年 6 月上证综指突破 5000 点，有人甚至喊出了"指数破万点"的豪言壮语。

想要实现财富自由，其实只需要一台"哆啦 A 梦"的时光机。投资者在 2005 年、2014 年随便"ALL IN"一只股票，都很可能快速实现数倍收益。但遗憾的是，机会遍地的时候，敢于捡钱的人却并不多。

而当大盘爬到最高点时，各路股民却都蜂拥而至了。2007 年，A 股的新增开户数达到了惊人的 4892 万户。而 2015 年 6 月的一个月，A 股的新增开户数就接近 1600 万户。当时社会上的股票投资氛围也非常火热，无论是街头的买菜大婶，还是公交车上的卖票阿姨，大家见面的第一句问候，总是"今天你的股票怎么样"？

结果，剧情再一次反转了。从 2007 年到 2008 年，从 2015 年上半年到 2015 年下半年，A 股都经历了最为惨烈的牛熊转换，大盘闪现着"千股停牌""开盘熔断"的奇异景象一路暴跌。跑步进场的绝大部分投资者，都不得不面临亏钱的现实。

如果有上帝视角，上帝一定觉得匪夷所思。在指数最低点进场的人屈指可数，在指数高点进场的人成千上万，人类怎么这么喜欢"高买低卖"呢？ A 股市场就这样成为少数人的乐园和多数人的深渊，而投资者也不得不直面自己的"幼

第三章　股票篇：妙股为什么总是亏？

稚"——股票下跌的时候，我们总是在亲身经历；股票上涨的时候，我们就站在旁边看。

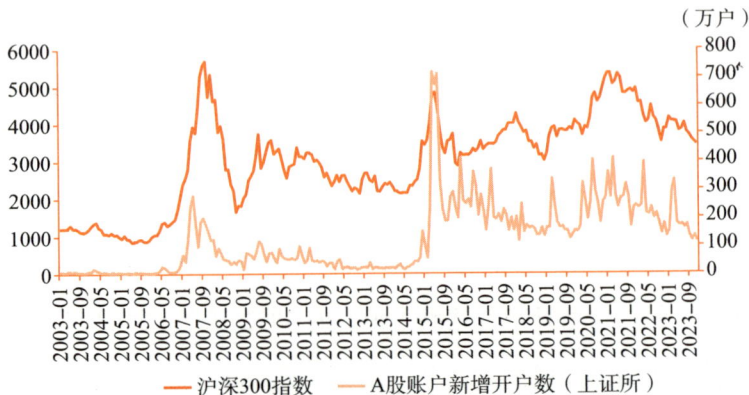

图 3-1　新增开户数与市场指数"同频"①

　　投资者屡屡掉进"高买低卖"的怪圈，甚至跟当事人资不资深、专不专业都没有绝对关系。电视上的专业人士一直在教我们在股市里成功的秘诀是高抛低吸，可是这连他们自己也做不到。证券分析师历来被无数海归和 985、211 毕业生视为求职鄙视链顶端的存在，从业人员也以"比你聪明还比你勤奋"而闻名。但通过翻阅他们在股市周期中的研究报告，不难发现他们也在高处看多，低处看空，跟普通老百姓其实没什么两样。

　　2014 年股市低迷，各家证券公司的分析师都对"宏观经

　　①　数据来源：WIND 金融终端，沪深证券交易所。

济不行"众口一词。理由也很丰富，比如实体经济的融资成本很高，制造业投资低迷；房地产下行压力加大，会拖累经济；地方政府没钱，没法进行有效的政策刺激；等等。

2015年的行情"打脸"众多分析师。从数据上看，宏观经济和房地产似乎更加不行了。2015年上半年中国GDP增速为7.1%，比2014年同期下降了0.5个百分点。国房景气指数在2014年6月尚有94.8，2015年6月已下降到92.6。但同时，A股却迎来了有史以来最"牛"的牛市。

很少有分析师会公开反思自己过去为什么说得不对，他们只是悄悄地不说"宏观经济不行"了，反而认为当下的好事情挺多呢，比如：（1）央行的货币政策宽松；（2）资本市场制度改革开启，人们开始重估权益的价值；（3）房地产市场不景气将使股市"接棒"房地产，老百姓会大幅增加金融资产配置。

对照看一看就能发现问题：不论是货币政策宽松，还是资本市场制度改革预期，都并非2015年才出现，在熊市中的2014年也是这样；同一个事实，被分析师在2014年用于看空，在2015年用于看多。股市"接棒"房地产的说法更是有意思，在不久之前，低迷的房地产市场还是宏观经济的大包袱，为啥一转眼就变成了财富流向股市的动力呢？

更有不少分析师，站在5000点的山顶，继续展望6000点、8000点甚至更高。他们宣称这将是一场"由流动性驱动的巨大牛市"。然后,他们很快见证了"由流动性驱动的巨大熊市"。不仅仅是证券分析师,很多秉承着"价值投资""长期投资"理念的基金经理,在客户压力、市场情绪的影响下,也放弃了自己的初衷,加入"羊群",成为随波逐流的大散户。

为什么连专业人士都会一而再、再而三犯下同样的错误?这有可能是因为职业压力,毕竟就是一份工作嘛,要是观点与多数人相左,万一说错了很容易被扣上没水平的帽子,弄不好就被"打入冷宫"了;跟大家说一样的话,错了大不了一起错,在职业上是安全的。当然也有可能,是因为情绪的力量太强大了,对专业判断的坚持最终输给了从众所获得的安全感。

专业人士的从众无疑加剧了大众的从众,羊群往往是跟着头羊走的。在市场跌宕起伏的过程中,专业人士不恰当的表态会起到推波助澜的作用。很多时候人们对部分专家很愤怒,称其为"砖家",很大程度上是觉得他们享受着意见领袖光环带来的福利,却没有履行说真话的责任。

对于股市里的"高买低卖"现象,谁能真正逃杀成功呢?最后这个故事也许能给投资者一些启发。

1972年是美国股市的大牛市,巴菲特却苦于股价太高而找不到价格合理的股票,最后他把84%的资金买了债券,只把16%的资金仍然放在股市里。1974年,股市由盛转衰,道琼斯指数从 1000 点跌到了 500 多点，这时人们谈股色变，大家都在使劲抛售。这时巴菲特却对《福布斯》的记者说："我感觉我就像一个好色的小伙子到了女儿国，投资的机会来了！"此外，巴菲特还经常在几乎整个华尔街都看衰某家公司的时候大举买入股票，比如他对可口可乐、通用食品的投资。这些操作都让巴菲特挣到了大钱。

巴菲特取得成功很大程度上是因为他是一个情绪管理的高手。我们很难想象巴菲特的生活状态：一生都远离华尔街的喧嚣和大都市的繁华，住在家乡小城奥马哈，他的房间里只有各类年报和报纸资料、电话等。也许正因如此，巴菲特才能做到"别人贪婪时我恐惧，别人恐惧时我贪婪"吧。

这句话也是投资界著名的至理名言。听起来如此简单，能做到的人却寥寥无几。

2. A 股能做"价值投资"吗？

"价值投资"是股票投资中影响力最大的流派，也诞生了无数的投资大师，像格雷厄姆、彼得·林奇、巴菲特都是价值投资的践行者。我们身边有很多股民，也都说自己是"价值投资"的忠实粉丝。

那么，这个"价值投资"究竟指的是什么？在 A 股做"价值投资"可以挣到钱吗？

所谓的"价值投资"，是指对上市公司财务状况、竞争优势、行业前景等基本面信息进行分析，并依靠分析结果来进行投资的方法。极致的价值投资者能够做到无视股票价格变化，在股市的云谲波诡中坚守初心。但价值投资并不意味着无脑地持有股票，比如巴菲特也曾在 1972 年的大牛市中基本清仓。那么，价值投资者进行投资决策的基本信条是什么呢？

在价值投资者心中，每一只股票都拥有一个"内在价值"的锚。然后，他们会将这个内在价值和股票价格做比较，如果内在价值高于股票价格，则买入；如果内在价值低于股票价格，则卖出。价值投资者很喜欢长时间持有一只股票，是因为他们觉得这只股票的内在价值在不断地增长，总是高于它的市场价格。

内在价值的出现会让我们觉得炒股是一件很简单的事情。只要搞清楚一只股票的内在价值是多少，不就可以稳赚不赔了吗？

遗憾的是，"内在价值是多少"，就好像"什么是幸福"这类问题一样捉摸不定。一只股票的"内在价值"并没有写在股票的招股说明书上，也没有记录在炒股软件里，事实上我们在大千世界里根本就找不到它，它只是存在于每一个人的心中。

各路投资大师和专业学者想了许许多多的方法，来尽可能地发现，或者说接近股票的内在价值。股票估值理论已经是一门很专业的学问了，它拥有自己独特的逻辑和语言体系。

常见的股票估值方法有两种，一种是绝对估值法，另一种是相对估值法。

在绝对估值法中，A公司股权的内在价值，等同于其未来所有年度实现的净利润"折现"到今天的价值。离现在越远年份的净利润，打折的比例也就越高。用公式来表示就是：

$$A公司股权的内在价值 = \frac{第1年的净利润}{(1+4\%)} + \frac{第2年的净利润}{(1+4\%)^2} + \cdots \frac{第5年的净利润}{(1+4\%)^5} + \cdots$$

分母中的4%是按照无风险利率确定的折现率，它代表着股票投资的机会成本或者说是货币的时间价值。今年的1元钱至少与明年1.04元的价值是相等的。

根据等比数列求和的方法，这个公式可以变换为：

$$A公司股权的内在价值 = 每1年的利润 \times \frac{1}{贴现率} = 每1年的利润 \times 25$$

假如A公司总股本为1亿股，未来每年都可以实现1个亿的净利润，则公司股票的内在价值为每股25元。根据价值投资方法，如果A公司的股价低于它的内在价值，即每股25元，我们就可以买入，反之，就应该卖出。

接下来，我们再来说一下相对估值法。相对估值法中的

"相对"，是指需要通过目标公司和相似公司的比较来得到内在价值。而比较要用到的基准指标包括：市盈率（PE，市值／净利润）、市净率（PB，市值／净资产）、市销率（PS，市值／销售额）等。

用一个例子来简单说明如何应用相对估值法做出投资决策。

假设 A 公司总股本 1 亿股，每年挣 1 个亿，股票市场上的 B、C、D 公司都和 A 公司经营差不多的业务，B、C、D 公司的净利润分别为 0.5 亿、2 亿、3 亿，总市值分别为 12.5 亿、50 亿、75 亿，计算出来它们的市盈率——市值与净利润的倍数，都是 25 倍。这时我们可以认为 A 公司所在行业的合理市盈率倍数就是 25 倍，然后根据下面的公式就可以计算 A 公司股票的内在价值了。

A 公司股权的内在价值 = 每 1 年的利润 × 行业合理市盈率 = 1 亿 × 25 = 25 亿

按 1 亿股计算，则公司股票的内在价值为每股 25 元。即如果 A 公司的股价低于 25 元，或者说 A 公司的市盈率低于行业合理的市盈率水平，就可以买入，反之，就应该卖出。

利用市净率、市销率实现相对估值法的原理也是一样的，只是作为参考的 B、C、D 公司的财务数据从净利润变成了净资产或者销售收入。相对估值法看上去比绝对估值法还要简单，是的，所以它几乎已经成为投资者炒股的入门级技能。

但不论是绝对估值法还是相对估值法，都会面临一个同样的问题。那便是计算原理听起来简单，实际算"内在价值"时却全是雾水，根本就找不到稳定的计算参数。

在绝对估值法中，不论是对上市公司未来几年净利润的预测，还是折现率的估计，都是一件不容易的事情。预测5年、10年以后公司的利润有多难就不多说了，"折现率"更是一个很主观的概念，其实并不能完全用无风险收益率来代表，每个人心中的"折现率"都不一样。

在相对估值法中，作为估值参考的行业市盈率水平，其不靠谱程度也很高。股票投资中有一个经典的现象叫作"戴维斯双击"，它描述的情景是：上市公司盈利能力较好的时候，投资者乐观追捧，股票市盈率水平会偏高；上市公司盈利能力较差的时候，投资者恐慌抛售，股票市盈率水平会偏低。因为市场中带着情绪，行业市盈率未必就是合理的，那么参考行业市盈率计算出的公司内在价值也就不合理了。

正是因为内在价值这种扑朔迷离的特点。即便是成熟的市场，"价值投资"也只能算是一种投资理念，充满了"艺术"气质，而算不上一个操作策略，照葫芦画瓢是不行的。

而对于A股而言，价值投资往往还面临着更大的挑战。

其一，A股绝大多数上市公司都比较年轻，成长性好，但经营业绩的可靠性和稳定性还需要时间检验，关于公司的未来会怎样很难预测。

其二，A 股市场中机构投资者占比低，因为"羊群效应"等因素导致情绪化程度更高，使得股价波动剧烈，内在价值中枢更难被找到。

其三，A 股市场中的信息披露机制还在完善之中，历史上"财务造假"的情况也不少，如果反映公司经营的基础数据都不准，估计出来的内在价值肯定也有问题。

好消息是，随着 A 股市场制度尤其是信息披露制度的不断完善、机构投资者队伍的壮大，价值投资的土壤有希望越来越厚实。

3. "技术分析"是伪科学?

除了最常见的"价值投资"以外，还有另一个炒股流派也能够经常见到。这些流派的高手们喜欢在股票价格、交易数据中寻找规律，更具体一点来说，他们喜欢"画线"。

用几条直线确定所谓的"压力位"和"支撑位"是常规做法，他们也会利用更加复杂的均线体系、一些"不明觉厉"的统计指标（如 MACD、KDJ、RSI 等）发现趋势或反转信号，或者通过某些具有特定形态的"K 线图"来预测未来。这个流派俗称"技术分析"。

相较于格雷厄姆、巴菲特等价值投资领军人物的如雷贯耳，技术分析的草根气质使得他们往往被精英化的投资机构视为非主流。这是存在一些专业偏见的。

回顾历史会发现，技术分析其实比价值投资更早出现。早在19世纪后期，道琼斯公司的创立者查尔斯·道便提出了一种"数波浪"炒股的方法。在他去世之后，一些学者把他的观点进行总结，形成了著名的"道氏理论"。而直到几十年之后，有"华尔街教父"之称的格雷厄姆才在《有价证券分析》一书中系统地提出了价值投资的思想。

道氏理论认为，股市存在趋势，而趋势的变化会呈现出不同层级的"波浪"。股价第一级的波浪最大，直接代表着牛市和熊市，这是投资者获取战略性利润的基础。第二级波浪是次级逆向波，也就是通常所说的调整或反弹，具有欺骗性波动。第三级波浪存在于日间，是最无意义的，是诱惑投资者参与市场的诱饵。道氏理论以"浪"闻名，也提出了一些具体的"冲浪技巧"，比如牛市的主要趋势由三次主要的上升动力所组成，其中两次会被下跌的能量打断。

道氏理论是技术分析流派的开端，后来又有威廉·江恩等大师对技术分析技术进行了发展，也形成了技术分析的核心思想，即市场价格运行并非一种杂乱无章的状态，而是可通过数学方法预测的。在历经多年发展之后，技术分析又在一定程度上成为风靡当下的"量化投资"的理论基础——很多人都认为"量化"已经重要到重新定义了股票市场的风格。关于"量化投资"的内容，我们在后面还会讲到。

所以，做着与投资相关工作的专业人士，应当抵抗对于技术分析的偏见。但对于初入市场的投资者来说，情况就反过来了。通过线条、形状解读股票要比从行业、公司解读股票容易得多，所以技术分析往往在缺少专业背景的散户中更受欢迎。出于保护中小投资者的目的，投资者就应该更加重视技术分析的局限性了。

技术分析里有一个著名的假设是"历史会重演"[1]，这对于技术分析的应用价值十分重要。因为几乎所有的技术分析手段，如 K 线图、均线系统、支撑线、统计指标等，都是利用股票价格、交易数据的历史时间序列来生成的，它们都只是对于历史的表达。而只有在"历史会重演"的假设下，对历史的表达才能够预测未来。

"历史会重演"背后蕴含了一种神奇的共识之力。在股票市场里，当多数人都认定一件事情，并按照自己所想做出决

---

① 技术分析著名的"三大假设"是：（1）市场行为涵盖一切信息；（2）证券价格沿趋势移动；（3）历史会重演。

策，这件事情就会真的发生。比如，如果多数人都认为"股价会在 20 日均线处反弹"，他们就会在股价下跌到 20 日均线之时买入，这样股价就真的上涨了。对历史的认识形成了大众的共识，大众的共识又导致了与共识近似的结果，也就是我们常说的"自我实现"。按照这个理论，只要在做出投资决策时充分考虑到市场共识，我们就能够得到预想中的结果。而技术分析就是一种寻找共识的方法。

　　遗憾的是，理想中的共识机制在人性面前往往脆弱不堪，这导致了共识的不稳定。总有一些聪明人会想着走在共识前面，以获得更丰厚或者更安全的回报。如果"股价会在 20 日均线处反弹"是一个共识，一定会有人在股价还没有跌到 20 日均线时就开始重仓埋伏，以期望在股价反弹时卖出获利。但如果大家都耍聪明，想要走在共识前面时，共识也就不存在了。股价将根本不会下跌到 20 日均线的位置。

　　我们来看博弈论中一个经典的"囚徒困境"例子。

　　两个共谋犯罪的人被关入监狱，不能互相沟通。如果两个人合作都不揭发对方，法官拿不到证据，只能判每人坐牢 1 年；若其中一人沉默，另一人却背叛揭发对方，背叛者因为立功获释，沉默者因不合作而入狱 10 年；若两人互相背叛，则因证据确凿，两人都判刑 8 年。虽然囚徒们都知道双方保持沉默会获得最好的结果，但因为无法信任对方，会倾向于背叛揭发，而不是合作沉默。"囚徒困境"解释了共识是如何被"利己"打破的。

共识的失效会导致技术分析失灵。除此以外，实际应用时还会发现，技术分析的规则其实并不清晰，投资者可能压根不知道下一步该怎么做。

技术分析告诉投资者可通过均线指标来判断趋势，但究竟是 20 日、30 日还是 60 日均线更能代表趋势呢？将两个低点间的连线作为支撑位，但当我们准备连线时，却发现"低点"似乎有很多啊。对于形态的识别就更加扑朔迷离了，究竟什么叫作"浪"？什么叫作"头肩顶"？恰如"一千个人眼里有一千个哈姆雷特"，不同投资者对此的理解将各有差异。

其实，压根不应该奢望靠几个简单的技术指标就能准确地找到买卖点。有一些炒股软件喜欢这样吸引客户，等投资者花大价钱买了才发现根本不是这么回事！客观的技术指标之上，有着非常主观的应用，"压力位"和"支撑位"也许存在，但二者不一定是在画的那条线上。投资者以为自己在画老虎，但模特可能是一只猫。

不论是价值投资还是技术分析，理解它们背后所蕴含的思想，要远比套公式、套书本更加重要。价值分析的精髓是只专注于公司本身，强调把波动忘掉。技术分析刚好是反其道而行之，忽略了股票的基本面，更加侧重于择时。而把价值投资和技术分析结合起来，也许是一种更好的选择。

4. "抄底"为什么总"撞腰"？

我们总有这样一种原始冲动，看见某只股票跌得多了，就会不自觉地想买一点。我们给这种行为一个接地气的称呼——"抄底"。

但在现实中，"抄底"的投资者往往遭遇了严重亏损，而且亏损的幅度要远高于自己的预料。我们觉得很困惑，明明之前已经跌了很多的股票，为什么还能继续跌这么多？这背后有一个隐藏的"比例效应"。

假如一只股票从每股 10 元钱最终跌到了每股 2 元钱，当它的价格还剩下 4 元钱的时候，我们很可能会觉得它跌得够多了，因为如果从 10 元钱开始计算，它已经回撤了 60%。然后我们决定"抄底"，并以每股 4 元钱的价格买入。

接下来股价继续下跌到每股 2 元钱。站在 10 元钱的起点看，从 4 元到 2 元亏损了 20%，但站在 4 元钱的起点看，从 4 元到 2 元却亏损了 50%，并没有比之前的 60% 强多少。在这一个阶段，"抄底"的投资者会比原投资者的损失更大，给我们带来了"抄底抄在山腰上"的感觉。

但这并不是最可怕的事情。如果上市公司的经营周期是存在的，只是处于短暂的低谷，那么股价总是有"底"的，总有一天公司会重新步入景气阶段，亏损也会得到回补。真正可怕的事情是我们心心念念的这个"底"并不存在。如果我们不幸撞上了某个没落的行业或企业，就很可能感受到"无底深渊"的恐惧，损失也是不可逆转的。

有一家上市公司名为"同洲电子"，曾经是机顶盒领域的王者，其创始人更是一度被称为"东方乔布斯"。机顶盒的主要功能是将压缩的数字信号转成电视内容，在数字电视取代模拟信号电视的过程中扮演着重要角色。依靠多次中标广电系统的工程，同洲电子的经营业绩也水涨船高。但后来"三网融合"的浪潮掀起，智能手机、智能电视、平板电脑成为最主流的媒体播放终端，机顶盒就没落了。

在行业大厦将倾之时，同洲电子并没有在新形势下找到生存之道，上市公司的经营业绩也江河日下。从 2017 年开始，同洲电子的股价就开始"跌跌不休"——它先是在 2017 年腰斩，但如果我们在 2017 年底"抄底"，会在 2018 年亏损 26%；如果我们在 2018 年底继续"抄底"，2019 年将继续亏损 23%；如果在 2019 年底继续"抄底"，2020 年会继续亏损 67%。

时代的变革在股市中掀起了不可抗拒的潮涌，很多行业和企业一不小心就被遗落在沙滩上。混迹于股票市场的上市公司不仅要抵抗行业的甩尾，还要防着退市的暴击。

　　财富排行榜上的"首富"，几乎都是靠着股票的市值拔得头筹。很多创业者都把公司上市视为终极梦想，正是想依靠股市的价值创造魔法实现高配的财富自由。可这个道理反过来也是成立的，对每一个持有股票的人来说，退市也是一种终极风险，如果失去了股市的魔力，股票也将回归一张平平无奇的纸。

　　跌得多的股票，很可能意味着上市公司已经徘徊在退市的边缘。"抄底"有退市风险的公司是一件非常危险的事情，低价下方是价值的虚无。

　　我们还是先看一个真实的案例。

　　2019 年 7 月，上市公司"信威集团"在爆出 150 亿元巨亏的业绩大雷后，以连续 42 个跌停板刷新了 A 股市场连续跌停的纪录。而就在几年以前，"信威集团"还曾经是"上证50"成分股的一员，通信行业的翘楚，市值曾一度高达 2000亿元。看着十去其九的股价，我们有没有想法去抄上一把？

　　不论我们想不想抄，反正是有人抄了。在 42 个跌停板后的第一天，公司股票的成交量创下了 3.14 亿股的天量，是上市以来的最高值。4 个月之后，"信威集团"的股价翻了一倍，这让"抄底"的人们欢呼雀跃。然而好景不长，又过了 4 个月，

"信威集团"因为连续 3 年亏损被深圳证券交易所暂停上市。没来得及离场的投资者虽然还是公司股东，但他们手中的股票已无法公开交易，只能选择与没落的公司长相厮守了。

为了帮助投资者远离退市风险，交易所也给了这些股票一些特殊的标识，就是我们常常见到的"ST"和"*ST"。ST是"Special Treatment"的缩写，它标识出了那些因为业绩差、信息披露不规范等原因而被交易所"特别处理"的股票，已经代表着非常严重的预警。如果引发 ST 的问题无法解决，ST 就会变成 *ST，"*ST"的意思是，如果 1 年内问题依旧无法解决，上市公司就要被暂停交易。

在相当长的时间里，A 股市场总有一群人非常勇敢，"明知山有虎，偏向虎山行"。他们到处寻找消息，专门寻找市值小、价格便宜的 ST、*ST 股下手，我们管这种行为叫作"炒壳"，把被炒作的对象称为"壳公司"。"炒壳"也算一种特殊的"抄底"机制，由于正面临困境，壳公司的股价也会非常便宜，"炒壳人"中有的相信壳公司的业绩能够困境反转，有的赌定壳公司能通过并购重组凤凰涅槃，一旦梦想成真，将会带来非常可观的回报。

在 IPO 审批制的背景下，"炒壳"也并非完全没道理。想要登陆 A 股市场门槛高、速度慢，已经上市的公司，不论是张三还是李四，也不论发展如何，都会拥有独特的壳价值。就算公司主业不行了，只要壳价值存在，依旧会成为资本青睐的对象。依托"壳"的并购重组也的确造就了很多财富传奇，包括早年的公募"一哥"王亚伟，也是以善于发现重组机会、搞小票而闻名。

但"炒壳"的风险也很明显，壳价值背后的那些反转预期、重组概念，多半是一些捕风捉影的事情，普通投资者想搞清楚太难了；万一壳公司在重生前没"hold 住"就退市了，"炒壳"基本上就是血本无归。

今天的市场对"炒壳"更加不友好。近几年注册制的闸门已经打开，市场自然选择的能力要比当年强得多，退市股的比例也与日俱增，老股不死、咸鱼翻身的奇迹将越来越难发生。

看来跌幅大、价格低并非"抄底"的正确姿势，那么以市盈率等估值指标来作为"抄底"的理由是不是就更靠谱一些呢？

历史上有很多投资大师都是靠史诗级的大"抄底"扬名立万的，而他们觉得市场"便宜"的重要依据就是市盈率。现在的专业人士都很喜欢这么干——当一家上市公司的市盈率（市值／净利润）水平处于较低历史分位，意味着其价格低于内在价值，也就是被低估的可能性更大。而且，由于在市盈率计算公式中分母是净利润，上市公司的市盈率低说明它的盈利能力多半是不错的。

数据似乎也比较支持这一结论。2000—2023 年，代表低估值策略的申万低市盈率指数的累计收益率高达 480%，领先代表市场平均水平的万得全 A 指数在 100 个百分点以上。按照复合年化收益率计算，申万低市盈率指数的年化收益率为 7%，万得全 A 指数只有 5.7%。如果把低市盈率指数和高市盈率指数相比较，对比度还要更加鲜明，因为在这 20 多年里，高市盈率指数压根就没挣钱。

注：2000 年以来，申万低市盈率指数（801823.SI）的累计收益率超过了 400%，而申万高市盈率指数（801821.SI）累计收益率却是负数。

图 3-2 "低市盈率策略" vs. "高市盈率策略"①

---

① 数据来源：WIND 金融终端。

现在我们觉得自己快要找到"抄底真经"了——去买那些低估值的股票，不失为一个好选择！然而，在总体上存在的规律并不意味着不会阴沟里翻船。我们尤其要提防在市盈率计算过程中的一种"时光错位"现象，它会导致看上去的低估值并不是真低。

2021年的房地产板块就是一个典型的例子。

这一年几乎所有的地产股的股价都在狂跌，带动股票市盈率下行，一度让我们觉得有很大的便宜可捡。以万科为例，2021年10月，公司总市值只有2100亿元，这不过是它2020年归母净利润的5倍，换句话说，只要万科能按照这种状态继续经营5年，就能够挣回一个自己。

在港股上市的融创中国还要更加夸张。公司在2021年11~12月间市值只有600亿元，是2020年归母净利润的2倍不到，总市值对归母净资产的比例只有1/2。很难想象，一家在中国房地产市场TOP10徘徊多年，拥有数千亿元销售额，上万亿元总资产，最新一期收入、利润还在双增长的巨无霸企业，在投资者心中只值不到600亿元。此时的我们已憋不住像巴菲特一样问自己：在别人恐惧的时候，我要不要贪婪一点？

结果在几个月后，当房企纷纷交出2021年的业绩报告时，我们都怒摔眼镜。作为龙头的万科，2021年归母净利润只有

225 亿元，较去年同期下降了 46%；而在前三季度，这个下降幅度还只有 16%。融创中国在 2021 年上半年尚有 10% 利润增速的情况下，全年的亏损竟然达到了惊人的 382 亿元。

这还远远不是坏消息的全部，整个房地产行业债务爆雷的声音已经此起彼伏，投资者此时才发现自己被地产股的低估值欺骗了。已知市盈率＝股票价格／每股收益，作为分子的股票价格是一个每天变化的信息，而作为分母的每股收益则是沿用着上一年度财务报表的数据。如果行业和公司出现了不好的变化，股票价格反应速度要远远快于财务报表；股票价格已经跌下来，利润表上还记录着往日荣耀，时光错位会导致估值扭曲，这对于笃信价值投资和报表分析的人有相当大的迷惑性，造成股票"便宜"的假象。

我们以过去的思维惯性展望未来，就会落入陷阱。为了缓解上述问题，投资专家们创造了动态市盈率这个指标，在很多炒股软件上都能看到。动态市盈率用"预测每股收益"取代了"每股收益"作为分母，避免了财务报表的滞后性。但投资者心里得明白，多数业绩预测都是在历史业绩的基础上通过增加一个比例的方式，机械地画线也没什么参考价值。

总体而言，能不能"抄底"这件事情，不能只通过股价、市盈率等几个数字简单判断，还是要多了解一些行业和企业的情况，去想想股价是不是低于公司的"内在价值"。

5."白马"闭眼买，"小票"挣大钱？

我们初入股市，最容易接触的都是所谓的"白马股"。它们通常业务成熟、已经具有了相当的规模和行业地位、被大佬们推荐的频率高，能够给股市"小白"们带来安全感。

那么，是不是只要持有这些"白马股"，就一定能稳稳获利呢？对这类问题我们已经知道该如何回答了——并不是每一匹白马都是好马，也不要相信任何一个叫我们"闭着眼睛买××股"的建议。

"中国石油"肯定是一匹大白马了吧，但在它的投资者中，亏钱的却要比挣钱的多。

2007 年 11 月，中国石油在 A 股首次公开发行当日股价大涨，一度冲到每股 48 元以上。投资者喜欢它的理由眼花缭乱，包括石油是"液体黄金"、公司现金流极度稳定、"股神"巴菲特曾经重仓等①。没想到的是"出道即巅峰"，仅仅两年后，中国石油股价就腰斩了，后面 10 年也没缓过劲来，2020 年时

---

① 巴菲特其实重仓的是中国石油的 H 股，且在中国石油 A 股发行时已减持完毕。

仅剩下发行价的 1/5。2020 年以后，国际原油价格暴涨，中国石油股价翻了一倍，但较之历史高点依旧相去甚远。

中国石油并不是一家"不挣钱"的企业。在上市之后，不论国际原油价格如何波动，它的净利润都是正数，没有任何一年是亏损的；同时累计分红金额已经高达 7000 亿元之巨，这相当于其总市值的 1/2。

中国石油股价连年低迷的首要原因，被归结为全球能源结构的演变。2022 年，全球可再生能源消纳量占比已经超过了 30%，新增装机容量接近了 50%，中国更是向世界承诺力争在 2030 年前实现"碳达峰"。当人们都以一颗绿色星球为荣时，有多少人还会对石化能源的未来感兴趣呢？只不过很少有人能在 2007 年就想到这些事情。

与中国石油命运相似的"白马"，还有家电连锁巨头苏宁电器。

2010 年，苏宁电器首次击败老对手国美，成为线下家电连锁领域的龙头老大。但它甚至还没来得及认真地享受一下成功的喜悦，"京东们"就来了。2013 年开始，苏宁走上转型之路，开始全面触网，光名字就改了两次，并做出了"线上线下同价"的重大决定。2015 年，苏宁与当时的电商老大阿里巴巴换股。

2018 年，已经更名为"苏宁易购"的苏宁交出了有史以来最亮丽的业绩答卷。当年公司实现营业收入 2449 亿元，归母净利润 133 亿元（尽管 99% 是依靠卖阿里巴巴的股权实现的）。年底时，苏宁易购各业态门店总数达到 1.1 万家，线上平台的交易规模超过 2000 亿元，并拥有 2.7 万个快递网点和 950 万平方米的仓储面积。在这一时期，苏宁还完成了对万达百货和家乐福中国的收购。在外界看来，它离转型成功只有一步之遥。

而所谓的"一步"，有时候近在咫尺，有时候又远在天涯。

也许是互联网基因的缺陷，让苏宁的转型之路总是"欠点火候"。苏宁触网看似破釜沉舟，又总在行业的迭代浪潮中迷失，不论是面对社交电商的崛起，还是直播电商的繁荣，它都表现得像一个路人。但转型的副作用却很快显现，巨大的资本开支让苏宁背上了沉重的债务负担，最终积重难返。2020 年的新冠疫情成为最后的补刀，苏宁的股价深陷债务危机的泥潭而一落千丈，在时代的洪流中，"白马"跑不动了。

像中国石油、苏宁电器这样，在 A 股市场的历史长河中曾经显赫一时，却又逐渐没落的上市公司不在少数。2016 年初，A 股市场上市值超过 1000 亿元的上市公司有 67 家，到 2023 年时，已经有 17 家退出了"千亿俱乐部"。股价跌幅最大的包括绿地控股、万达电影、石化油服、中国中车、民生银行，等等。与此同时，2023 年市值过千亿元的上市公司总数却增长到了 120 家以上，8 年时间里无数新主角登台亮相，也意味着很多原本位于舞台 C 位的白马企业渐渐黯然，逐渐沦为配角甚至弃子。

除了行业变迁因素，近几年逐渐流行的"机构抱团"现象也加剧了白马股"跳崖"的风险。机构投资者管理资金的规模日益增长，从投研、风控、操作的性价比来说，把筹码分散在众多小公司不太划算，抱团白马股自然成为省心省事的最佳选择。白马们受到了众星拱月般的对待，过度关注则生成了泡沫。不论是白酒业的"旧王"贵州茅台还是新能源的"新贵"宁德时代，它们都成就了一代明星基金经理的丰功伟绩，也一度成为大众投资者的持仓标配。然后，惨烈的"去泡沫"过程如期而至。

2021 年 2 月，贵州茅台的股价冲破了 2500 元每股，市场理所当然地继续看高一线，但仅仅在 6 个月之后，贵州茅台的股价就跌到 1500 元每股，较之高点的回撤高达 40%。而从 2021 年 12 月到 2022 年 5 月，有"锂茅"之称的宁德时代也完成了 50% 跌幅的极限拉扯。龙头白马的突然失蹄，导演了基金经理的"明星魔咒"现象，他们只是失去羽毛，普通投资者的财富蒸发要更加疼痛。

除了白马股容易成为大众之友，市场还有相当一部分投资者对小市值股票情有独钟。他们心中有着强烈的"股神"信仰，他们觉得炒股就应该追求沙里淘金的刺激和乐趣。

忆往昔，小票还真有过属于它自己的"黄金年代"。

2009 年、2010 年两年，A 股上证 50 指数、沪深 300 指数分别只上涨了 44% 和 72%，中小板综合指数却上涨了 170%。那时"股神"们总能在市场消息的蛛丝马迹中，找到那些连续涨停、一飞冲天的个股。证券公司的研究所里也出现了一个名为"中小市值"的特殊行业，天天喊着寻找 10 倍股，要组团淘金。

但在美国、中国香港等成熟市场，小票则正在经历梦魇。2000 年之后，美国股市的收益率表现出明显地向龙头集中的趋势，2000 年尚有七成的个股能够跑赢标普 500，2022 年则只剩下三成不到。港股市场则是一个更加著名的"修仙圣地"。据统计，到 2023 年时股价低于 1 港元的股票已经超过 1500 只，占整个港股的比例高达 57%，其中股价低于 0.1 港元的仙股就有 358 只，占整个港股比例也超过了 10%。港股小票多半都没有什么成交量，成天躲在隐秘的角落里无人问津。

A 股也渐渐显现出同样的趋势。2010 年以来的 10 多年里，上市公司数量由 2000 家变成了 5000 家，投资者依旧对小票保持着高昂的交易热情，中小市值的换手率大概是美国股市的 5 倍。但这并不意味着小票淘金者的日子更好过了，炸人

第三章　股案篇：炒股为什么总是亏？

113

的地雷多了不少，挣钱则越来越难。

这里有一组非常鲜明的数据对比：2016 年至 2023 年，万得白马股指数相对于中小盘指数的超额收益率竟然超过了100%，其中，有 6 年白马股的表现都要好于中小盘。在这 8年里，我们甚至诧异地发现中小盘指数竟然是在原地踏步。身骑白马会摔跤，但小盘股们却更糟。

注：2015 年以来，A 股中小盘指数（399001.SZ）的表现远落后于白马股指数（884232.WI），累计收益率已经超过了 –25%。

图 3-3 "白马股指数"vs."中小盘指数"①

市场上已经出现"小票将死"的声音，我们也在思考为什么会出现这种情况，理解那些与经济发展、社会变革深度相关的原因。

一方面，在市场经济进入了成熟期后，天然会出现企业

---

① 数据来源：WIND 金融终端。

的"二八分化"现象。社会基础设施建设的完善拓宽了企业的组织边界，让具有规模经济优势的大企业得以不断扩张，互联网打破生产要素和市场的时空分割，让这个趋势进一步加速了。因为缺少对原材料、市场的议价能力，中小企业的盈利能力很难超过大企业，只能依附于大企业的产业链或是在边缘地带苟活，弄不好就在经济周期的底部死掉了。

另一方面，注册制深化也降低了中小盘股东的估值水平。我们关于注册制的理解总是局限在企业上市更容易了，却容易忽略一个更加重要的内涵——注册制让退市变得更容易了。从 2021 年开始，A 股的 IPO 数量及退市数量大幅增加，这反映了一种有利于市场健康的优胜劣汰机制正在运转，也宣告着炒壳时代的终结，很多小票从此失去了价值。

在后面还会提到关于"有效市场"的事情，这里我们先记下一个结论——随着 A 股市场越发有效，单一股票的收益率将很难超越平均水平，"炒股"会越来越没意思。2013—2017 年每年跑赢沪深 300 指数的个股数量占比平均值为53.9%，2018—2022 年该值降至 43.3%。ETF（交易型开放式指数基金）的出现打通了我们购买指数或者"一篮子"的股票组合通道，而且它也具有独特的风控优势——一只股票的"爆炸"并不会对整个篮子的市值带来致命的伤害。这让炒股变得很鸡肋。

投资者的"用脚投票"也证明了这个观点。二十世纪四五十年代，美国股市高达 90% 的市值都被散户持有，2018 年时这个比例只剩下 9%；中国在 2003 年至今的 20 年间，散户比例也由 90% 下降到 50%。人们更倾向于通过基金参与股市，而不是亲力亲为。很有意思的是，这个"去散户化"的进程又反过来让股市更加"有效"。

6. "做 T" 是不是智商税?

很多人都喜欢在一天之内把股票来回买卖，但开盘、收盘时的持仓保持不变，这种操作俗称"做 T"。"做 T"的人相信股价的波浪里蕴含着巨大的能量，并幻想着这些能量是可以被驾驭的。也难怪投资者会动心，因为这个幻想的确非常诱人。

以招商银行为例，其股价在 2022 年的表现不尽如人意。如果投资者在年初购买招行股票并一直持有，全年将有超过 20% 的亏损。但倘若每天都"做 T"一次，并且恰好能在当天最高价把股票卖出去，在最低点把股票买回来，猜猜会发生什么事情？——在这 1 年里，投资者的股票账户将膨胀 578 倍！即使是不考虑收益再投资和复利效应，依旧能够获得 640% 的惊人收益率。

如果把这些数字视为"做 T"的理论最高收益率，在这个理论最高收益率面前，股票的全年涨跌幅几乎不值一提。当然，投资者再疯狂也不会觉得自己 1 年能挣 578 倍，但我们仍会有一种侥幸心理——就算是 640% 的 1/10，64% 的收益率也吊打了市场上绝大部分股票和基金。

这个幻想让"T+0"制度受到了很高的关注。我们知道，目前 A 股实行的是"T+1"的交易规则，当天买的股票要到第二天才能卖，想"做 T"只能倒腾一次；如果"T+0"了，当天买的股票当天能卖，一天之内就可以"T"很多次。假设我们找到了某种短线法则，能够成功地在日内低买高卖，那画面简直美到让人无法直视。

"做 T"只是短线交易的一种特殊形态，还有许许多多的理由会刺激我们去频繁地买卖。这些理由往往听起来没什么道理。也许是因为一些捕风捉影的小道消息；也许是"这山看着那山高"；也许是觉得自己天赋异禀，找到了不为人知的交易策略；也许只是因为心情不好，就看某只股票不顺眼了。

我们需要记住的是，没有任何一种理论认为频繁买卖是科学的，哪怕是强调择时的道氏理论，也认为股票日内的波动"毫无意义"。数据也证明了短线交易不仅不能增厚收益，反而大有坏处。根据上海证券交易所的统计 [①]，A 股散户投资

---

① 上海证券交易所 2016 年年鉴披露了该项数据。

第三章 股票篇：炒股为什么总是亏？

117

者贡献交易量是机构投资者的6倍，平均投资收益却远远低于机构。一个更有趣的结论是，不论是什么性质的投资者，依靠"择时"取得的收益都是负数。

从我们切身的感受来说，频繁买卖导致"买错"和"踏空"的情况也经常发生。偶尔成功带来的收益，可能远不如"买错""踏空"而遭受的损失更大，有一句老话"赢则赢颗糖，亏则亏套房"说的就是这个道理。

关于"T+0"的呼声虽然很高，但往往只是部分投资者的一头热，监管部门的态度一直非常谨慎，反复表态A股还没有到实施"T+0"的时候。很多人都不知道的是，20世纪90年代沪深两市曾经一度推出过"T+0"，结果造成了股市的投机风气盛行和剧烈波动，一些股民频繁交易，遭受了十分严重的亏损。

除了频繁买卖的固有风险，交易成本也是不容忽视的问题。

佣金是股票投资中最常见的交易成本，由证券公司在交易过程中收取，也是证券公司最重要的收入和利润来源。在中国股市刚刚建立的时候，股民买个股票要排队，还要看柜台交易人员的脸色，佣金率自然不菲，高达千分之三。后来证券行业竞争激烈了，大家开始价格战，佣金率一路下降到了目前的万分之二左右。

除了佣金，交易成本中还有很大的一块是印花税。虽然印花税只有在卖股票的时候才征收，但最近十几年这个税率一直都稳定在千分之一，现在已经比证券公司的佣金率要高了。每当市场过热或者不好的时候，印花税也是国家进行逆周期调节的工具，比如2023年8月行情惨淡，财政部、税务总局就公告对印花税减半征收，给投资者送了一个大礼包。

佣金和印花税以外的交易成本还包括过户费和交易系统使用费等，但这些费用的绝对数和征收比例都很低，我们就不做特别说明了。

不论是万分之二还是千分之一，直观上都会觉得这是很小的数字，所以很容易忽略它。可一旦买卖的次数多了，交易成本积少成多，就可能累积到一个惊人的水平。根据上海证券交易所的统计，中国股民的交易成本能占到全年收益或亏损（当然主要是亏损）绝对值的十分之一以上，是一个非常稳定的"负输出"。

通过一个例子也能让我们明白交易成本的威力有多大。

假设我们在1年250个交易日中每天"倒仓"一次，买入股票的价格和卖出股票的价格相同，按照现行的交易成本，你能猜到年终我们的收益率会是多少吗？

答案是——亏损10.6%！

也就是说，不论选择什么股票，只要我们每天倒腾一次，光交易成本就会带来一成的损失。但有多少人炒股每年能挣10%呀？况且这还是按照减半后的印花税率计算的结果，如果按原来千分之一的印花税率计算，因为交易成本而导致亏损的幅度将上升到16%。

A股整体上就有一种爱炒短线的氛围。2022年，A股累计换手率为500%，大约是美国的4倍，这也意味着中国投资者的平均持股期只有2个月。我们在这种氛围里待久了，也难免会"手痒"，没事操作一把。但从前面的分析中我们已经知道，频繁买卖明显就是一个"偷鸡不成蚀把米"的糟糕决定，经常操作未必能多挣点钱，但交易成本对利润的侵蚀却是板上钉钉的。

7. 可转债"旱涝保收"？

在A股市场中有一类很特别的资产，它既可以在二级市场上自由地买卖，能够让投资者从价格上涨中获益；同时又定期支付"利息"，能够给投资者固定的回报。也就是说，它兼具了"股"和"债"两种特性。这类资产中最常见的当属公开发行的可转换公司债券，简称"可转债"。

可转债首先是一种债券，它有确定偿付期限和固定的票面利率，到点了就得向持票人支付利息；但比之普通债券，可转债身上又附着着一种被称为"转股权"的权利。可转债的持有人可以按照一个事先约定的转股价格将债券转换成公司股票。由于单位面值（如100元）的可转债能转换成的股票数量是基本确定的，因此可转债的价值与其对应的上市公司股票（简称"正股"）的市值是高度相关的。

我们很容易联想到，可转债投资似乎是一笔稳赚不赔的投资。如果可转债价格不涨，投资者可继续持有，到期可拿债券利息，至少比存活期强；价格涨了，可以把可转债直接在市场上卖掉。鱼和熊掌可以兼得，股债合体魅力初现。

不过，当我们准备好钞票，准备在可转债上大干一场的时候，我们很快就会发现，事情也不像想象的那么简单。

在可转债首次发行时，投资者可以按照面值进行申购，但可转债发行对发行主体的经营、财务状况的要求很高，所以发行量较少，供求不平衡，中签概率极低。这也意味着，普通人想要在一级市场上大量买进可转债，几乎是不可能的。

要是真想投资可转债，就只能依靠二级市场。这时我们会遇到另外一个问题：面值100元的可转债，买入市价可能会高达130元钱。这个市价对票面价的溢价，被称为"纯债溢价率"。

"纯债溢价率"存在，导致可转债不再是一项"保本"的投资了。

假设我们以 130 元钱买到了面值 100 元、5 年期、年利率 2% 的可转债，如果我们以后没有在合适价位把可转债卖掉，而是选择持有到期，那么每一份可转债大约会导致我们 20 元的亏损。（100 元 +100 元 ×2%×5–130 元 = –20 元）

现实和理想的距离就这样出来了。但至少我们还能阿 Q 式地自我安慰一下，投资可转债至少能够收回债券本息，我们管这个收益下限叫作可转债的"债底"。

除了"债底"，可转债对应的正股价格也会对可转债起到托底效果。

仍假设我们以 130 元钱买到了面值 100 元的可转债，其转股价格为 5 元 / 股，即每张债券可以转 20 股；而此时可转债对应正股的市价为 6 元 / 股，意味着我们行权转股后得到的股票总市值为 120 元（20×6=120 元）。所以，可转债的价格大概率不会掉到 120 元以下，如果跌破了，会有很多人买入可转债后马上转股"套利"，买的人多了，可转债价格自然又会涨回来。

不妨称这个 120 元为"股底"，不难得知，"股底"是由可转债正股价格决定的。可转债市价超过"股底"幅度，被称为"转股溢价率",这是一个反映可转债估值水平的重要指标。但与"债底"不同,由于正股价格每天都在波动,可转债的"股底"是比较飘忽的。

就算不能够保本,"债底"和"股底"的存在,还是形成了可转债投资亏损和收益之间的非对称性。向下可以预见,向上梦想无限,给予了可转债一种独特的配置价值。

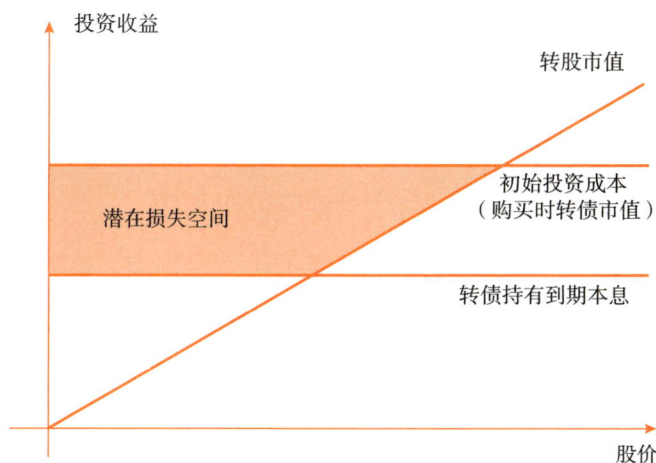

注:如果买入可转债后正股价格下跌,转股市值缩水,那么该笔投资的最大可能损失为初始投资成本和"债底"之差;如果买入可转债后正股价格上涨,那么该笔投资的最大可能损失为初始投资成本和"股底"之差。在正股价格高于某个临界值的时候,"股底"在"债底"上面;在正股价格低于某个临界值的时候,"股底"在"债底"下面。

图3-4　可转债的"债底"和"股底"

除此之外,一些附加条款也使得可转债投资的魅力进一步升级。甚至可以认为，不理解这些条款，不能说是真正理解了可转债。

比较常见的可转债附加条款有"强赎条款"、"回售条款"和"向下修正条款"。"强赎条款"有利于上市公司，"回售条款"和"向下修正条款"则对投资者比较友好。

"强赎条款"约定，当正股市价在一段时间内高于转股价格的一定比例，如130%，上市公司就有权按照债券面值加上一点利息把可转债回购回去。理性的投资者一定会在"强赎条款"被触发前行使转股的权利，否则其投资收益会大幅减少。"强赎条款"相当于锁定了投资者盈利的上限。

"回售条款"约定，如果正股市价在一段时间内低于转股价格的一定比例，如70%，投资者就有权力要求上市公司按照转债票面价值加上利息，把自己手中的可转债买回去。"回售条款"本质上是在加速贷款的到期，可以视同在价格不利情况下对投资者的保护。

"向下修正条款"简称"下修条款"，该条款约定如果正股市价在一段时间内低于转股价格的一定比例，比如90%（这个比例通常比"回售条款"中的比例要高一点），公司董事会有权提出把转股价格向下调整一些，并提交本公司股东大会表决。

那么"把转股价格向下调整一些"有啥好处呢？对于投

资者来说，转股价格下调意味着可转债投资者转股后获得的股票数量变多了，约等于天降红包。对上市公司来说，"下修条款"让可转债投资者更有动力把债转股，还可以避免转债因触发"回售条款"而加速到期，这些对于缓解偿债压力都是有帮助的。

在"下修条款"中容易受伤的是上市公司的小股东，因为"下修条款"会增加债转股对原股东权益的稀释比例，相当于老股东"补贴"了可转债的债权人。既然如此，"下修条款"议案为啥还能在股东大会上通过呢？因为公司大股东一般拥有上市公司的控制权，与上市公司利益一致。而小股东的表决要不无法左右结果，要不就成为沉默的大多数。

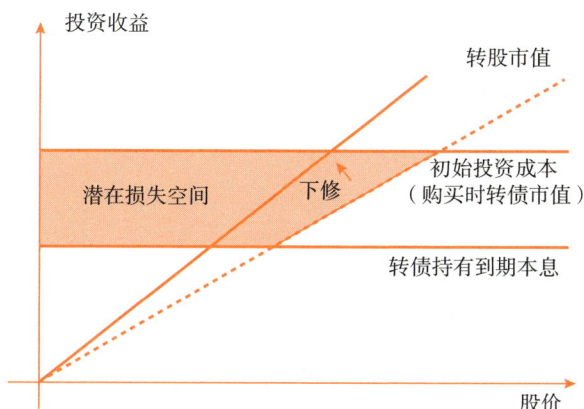

注："下修条款"导致"股底"旋转，实际上减少了转债的潜在最大损失。

图3-5 "下修"对可转债价值的影响

"强赎条款""回售条款""下修条款"的存在，让可转债投资更加复杂了。根据前面的分析，我们大致可以这样总结可转债投资的收益和风险特征：可转债是一种未来最大损失可以预见（股债底＋回售条款）、跌太多了还有天降红包（下修条款）的投资工具。虽然和"旱涝保收"的期望有点距离，但还是比较"香"的。

由于发行条件苛刻，可转债在很长一段时间里存量很小，受关注程度也不高。2017年初，市场上仅有17只可转债，总市值不到400亿元。2018年后，受股票再融资收紧等因素影响，可转债发行突然"井喷"。根据统计，到2023年1月时，市场上存续的可转债数量已经有487只，总市值达到了1万亿元。

随着可转债扩容，投资者的投资热情也水涨船高。可以选择的可转债越来越多了，新的烦恼也接踵而至。比如在大家的追捧下，可转债转股溢价率中枢不断抬升，这也说明投资者潜在的亏损空间在不断变大。

风险真正的爆发还是源自"债底"的崩溃。

在可转债市场一直有"可转债永不退市""爆雷债就是宝贝债"等奇怪信仰，但资本市场的魅力在于，只要有很多人相信，信仰就变成现实了。在过去的几年里，亚药转债、文科转债、城地转债、起步转债、花王转债等都出现过信用危机，价格也一度跌破面值，但后来大家又慢慢觉得这些可转债不会退市，价格就又顽强地涨回来了。

注：可转债转股溢价率以可转债等权指数对比可转债正股等权指数溢价部分近似计算。

图 3-6　2019 年以来可转债溢价水平不断提升 [1]

2021 年，搜特转债的发行人搜于特集团出现了业绩巨亏、债务逾期、股份冻结的情况，结果有"大 V"竟然高呼"可转债历史至今还没有出现过一例违约，是"BUG"一样的存在，爆雷债对散户来说是可转债策略里最赚钱的策略"。而现实仿佛也挺照顾搜特转债，在 2023 年 4 月之前，其价格很少低于 80 元，其间还多次涨回过 120 元以上，让火中取栗的人屡试不爽。

---

[1]　数据来源：WIND 金融终端。

但从 2023 年 4 月开始，画风却突然变了。在 2 个月的时间里，搜特转债的价格从 80 元狂跌到 20 元以下，击穿了所谓的"债底"，这让转债"信徒们"一下子就蒙了。按照搜特转债面值、票面利率和期限，如果债权兑付没有问题，意味着我们花 20 元买一份可转债，3 年之内有可能拿 103 元回来。但过去从未出现过的情况出现了，在年化收益率 50% 的暴利面前，搜特转债依旧无人问津。

2023 年 5 月 22 日，搜于特集团因股价触发面值退市条件而进入停牌状态，根据《深圳证券交易所股票上市规则》，如果上市公司股票被终止上市，可转债等也应终止上市。这时很多人才幡然醒悟，自己手上的搜特转债很快就要卖不掉了，而之前他们甚至都没有关心过可转债退市的条件。7 月 21 日，搜特转债与其正股一起退市，在我国可转债 30 年历史中，尚未出现过因正股退市而被强制退市的可转债，而这一纪录，被搜特转债打破了。

搜特转债的退市风波也影响了一大片可转债，这些可转债的共同特点是发行人资质较差，正遭遇着各种各样的麻烦。松动的"债底"动摇了可转债投资价值的根基，人们正逐渐重视投资可转债血本无归的风险，"信仰"的光环已不复存在。

针对可转债的投资风险，监管部门其实早有动作。2022 年 6 月，深交所、上交所同时发布了《关于可转换公司债券适当性管理相关事项的通知》。根据这份《通知》，个人投资者参与可转债投资，需要满足"2 年 +10 万"的条件：（1）参与证券交易 24 个月以上；（2）申请权限开通前 20 个交易日证券账户及资金账户内的资产日均不低于人民币 10 万元。这说明如果投资者是一根新"韭菜"，就不要碰可转债这个种类了。

8. 能不能相信"股息率"？

可转债是一项兼具"股债二重性"的特殊资产，但因为信用风险对投资者伤害值很高，现在其投资门槛已经被大大提高了。那么，在我们可以接触到的范围内，还有没有其他的替代资产种类呢？

A 股中不少上市公司都会在每年发年报前公布自己的年度分红方案，其中有相当一部分是现金分红，如"每 10 股派 ×元"之类的。衡量一家公司分红水平的高低并不是看分红的绝对金额，而是看分红金额相对于股价的分红比例，即每股分红 / 每股价格，我们也管这个比例叫作"现金股息率"。

接下来，我们发现不同行业、不同公司的现金股息率会有较大差异。这里拿宁德时代和工商银行做一个比较。这两家上市公司分别是新兴新能源产业和传统银行业的龙头老大，也都加入了万亿元市值俱乐部，但其现金分红的水平可谓天壤之别。根据 2023 年 3 月公布的 2022 年度分红预案，宁德时代每 10 股派发现金 25.2 元，工商银行每 10 股派发人民币 3.035 元。

看上去宁德时代的现金分红金额更高，但因为宁德时代的股价比工商银行也高了几十倍，所以其现金股息率是更低的。按照公告发布时点的股价折算下来，宁德时代的现金股息率是 0.62%，而工商银行的现金股息率却高达 6.8%。

要特别说明的是，分红率的高低并不代表着公司好坏。宁德时代作为动力电池之王，正处于高速成长期，需要大量的资金储备去投资新项目，投资回报率也高，所以把宝贵的现金分掉对股东来说也是不划算的；而工商银行作为传统银行巨头，商业模式成熟，盈利和增长都很稳定，也不怎么需要钱，因此就可以将大量利润以现金方式派发，用来回报股东了。

像宁德时代这种高成长股通常是很受欢迎的，过去几年也的确曾给投资者带来高额回报（也可能是高额回撤）；但也有不少人会非常喜欢工商银行这一类"高股息股票"，这类股票的特点与可转债非常相似——既能带来稳定的固定收益，又能提供一个收益率上不封顶的可能性。

在某种程度上，高股息股票比可转债的优势似乎还要更明显。可转债的票面利率很少超过 2%，但类似工商银行这样的银行股的股息率可以高达 6% 以上。有的可转债会加上"强赎"条款，锁定了向上的收益空间，但高股息股票却没有这种安排。除了以工商银行为代表的银行股，现金股息率高的股票主要集中在能源、金融、消费行业的一些成熟企业中。但从目前的情况来看，这些股票的高股息率并不稳定。

注：工商银行（601398.SH）最近10年的每股股利是非常稳定的，这意味着在相当长一段时间内，其现金股利都能维持在一个较高的水平。

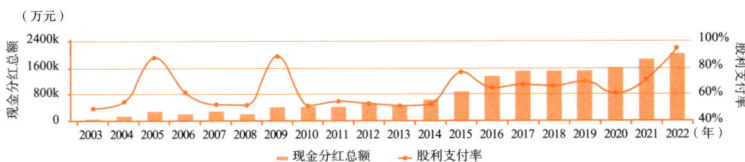

注：明星能源股长江电力（600900.SH）也一直以现金股息率又高又稳定而闻名。

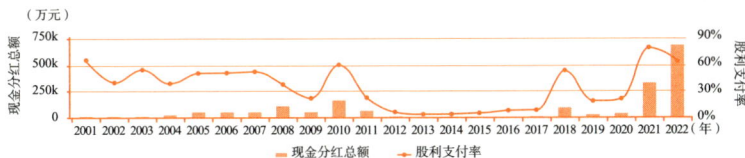

注：山西焦煤（000983.SZ）2022年的现金股息率很高，但从长期来看则呈现出周期性波动的特征，分红水平远没有工商银行稳定。

图 3-7　不同行业的现金股息率差异[①]

---

① 数据来源：WIND金融终端。

在过去的很多年里，我们对股息率其实是不怎么关注的。主要是因为上市公司中的"铁公鸡"太多，分红很少又不稳定。投资者炒股也主要是搏股票的价差收益，上市公司一年的分红往往不如持股一天的浮盈，这就没什么意思了。

但近年来这种情况已得到了改观。随着中国经济由高速增长进入了稳定发展的阶段，进入成熟期的企业越来越多，在自由现金流丰富、又没有足够好的投资机会时，最好的处理方式就是通过股息把现金分掉。当人们对上市公司分红的预期慢慢稳定时，高股息股票的投资机会就显现出来了。

高股息股票理论上给投资者提供了这样一种投资方式：购买 10 万元的工商银行高股息股票，就算考虑到分红要纳税的因素①，每年依旧可以获得 6%——6000 元左右的现金股利，这已经可以吊打工商银行自己卖的理财产品了；而在此期间万一工商银行的股价大涨，还能收获意外的惊喜。

现在的我们已经养成了怀疑的习惯，我们会很自然地去问：这样的机会为什么会存在呢？如果高股息股票真的能够做到"下有保底、上不封顶"，为什么逐利的资金不会把股价

---

① 根据《个人所得税法》的有关条款，个人因持有中国的债券、股票、股权而从中国境内公司、企业或其他经济组织取得的利息、股息、红利所得，需按 20% 的比例缴纳个人所得税。但为了鼓励投资者长期持股，财政部又规定个人从公开发行和转让市场取得的上市公司股票，持股期限超过 1 年的，股息、红利所得暂免征收个人所得税。

买上去呢？高股息率究竟是一个机会，还是一个陷阱呢？

略微倾听一下市场上不同的声音，就能够明白投资者对高股息股票的顾虑。首先，支持高现金股息率的企业高盈利可能是难以维持的。

我们在前面提到过上市公司低估值的"时光错位"现象——由于股票价格对行业不利变化的反应速度要远远快于财务报表，会造成在某些时间段内企业市盈率很低的假象。这种情形对于现金股息率也是存在的。有的上市公司的现金股息率看起来很高，只是因为股价下行的速度太快了，而很多投资者还在以企业过去的盈利和分红情况为参考。

2021年是近几年来房地产最后的好时光，多数上市公司在2022年春季都拿出了很有诚意的现金分红方案，加上地产股整体的价格走低，其现金股息率也一路攀升到诱人的高度。但很快多数地产企业都出现了前所未有的业绩大滑坡，相应2023年公告的利润和分红锐减，现金股息率也就现出原形了。

其次，上市公司的管理层决策也会影响现金股息率的稳定性。

2023年5月4日，明星上市公司格力电器的股票跌停，原因之一是公司董事会大幅下调了股利支付率，年度分红方案直接由2021年的"每10股派20元"的惊艳水平变成了"每10股派10元"的平庸水平。2020—2022年，格力电器的归母净利润一直在小幅增长，但现金分红水平却在不断下降，2020 年公司的每股股利高达 4 元，2021 年变成了 3 元，2022 年则只剩下 2 元。这让投资者们十分失望。

最后，虽然按理说只要现金股息率高且稳定，我们就可以不去管股价的变化，但当股价真正"跌跌不休"时，投资者却未必能那么淡定。一笔多年综合收益为负的投资也很难说是一笔好投资。

比如这些年的银行股其实就是个"怪胎"。一方面，其高现金股息率年年维持，甚至越来越高；另一方面，银行股总是表现低迷，股价不仅涨不动，还一直往下走。这种现象背后，反映了人们在宏观经济增速放缓、市场利率下行的背景下，对银行资产质量、发展前景的信心极度缺失。但每年银行的业绩又出乎预料地坚挺。

在这一趋势下，勇敢抄底银行的人基本上都被坑了。以北京银行为例，其现金股息率自 2016 年开始就不断上涨，2020 年 3 月后甚至能维持在 6% 以上的超高水平，从 2016 年到 2023 年累计现金分红带来的收益率高达 40%。但遗憾的是，同一时期北京银行的股价（不复权）下跌了超过 50%。

另一个更具有代表性的案例是"云蒙基金"惨案。

"云蒙"是一个有着 40 万粉丝的雪球大 V，毕业于清华大学五道口金融学院，曾在人民银行工作了多年，可谓专业人士中的战斗机了。但她最出名的事情，却是她旗下云蒙基金的净值跌到了 0.19，也就是说，云蒙基金自成立之日起，累计亏了超过 80%。

投资者一定很好奇这是怎么做到的，其实"云蒙"正是一个豪赌高股息股票的忠实信徒。她在港股市场以很低的融资利率加了多倍杠杆，"ALL IN"重仓银行股，算计着只靠 H 股银行平均 7% 的股息率就能赚不少钱，其间还可以搏一把银行股大反弹的超高收益。这个策略看起来天衣无缝，但没想到银行股的股价竟然无视每股净资产而一溃千里。由于基金净值跌得太多，为"云蒙"融资的证券公司已经启动了强平程序。看起来很美的高股息率成为"云蒙"爬不出来的深渊，她和相信她的投资者们再也回不去了。

9. 说说"财务造假"

问一个显得比较深刻的问题，衡量一个国家的股票市场是否成熟，最重要的标准是什么呢？

我们也许会说是上市公司的数量、交易额、总市值规模、机构投资者占比等。但在监管部门眼中，他们最关注的其实是市场的信息披露质量。

如果在股票市场里，每个人都在说假话，我们看到的也不是真相，那么还会有多少投资者愿意以身犯险？如果大家都不参与市场，那市场也就失去了活力，无法实现融资功能，更无法创造财富。因此，"良好的信息披露机制是股市的'基石'"——这种说法一点也不为过。

而在上市公司披露的所有信息中，财务信息无疑是最重要的一类。这是因为，不论企业的经营模式、提供的产品服务如何五花八门，其财务报告的编制方法是稳定的，必须遵守会计准则。这个约束无疑提升了上市公司财务信息的规范性，规范的东西就可以用来对比。上市公司永远都面临这样的质询：你这一期的财务数据为什么和上一期的不一样？你的财务数据为什么和同行业其他企业的不一样？

监管部门一直把上市公司的信息披露，尤其是财务信息披露作为监管重点。与普通企业相比，上市公司最重要的工作之一就是编制财务报告，每年的财务报告还需要提交专业的会计师事务所进行审计。如果报告编不好，那可是要命的事情。

根据沪深交易所最新的退市制度，如果上市公司最近一个会计年度的财务报告被出具"无法表示意见"或者"否定意见"（统称为"非标"意见）的审计报告，马上就要被实施退市风险警示；如果第二年还出现这种情况，就可以跟资本市场说拜拜了。在现行制度下，上市公司连续两年亏钱不必然被退市，但审计报告连续两年"非标"意见却要被退市，可见比起企业是不是一个好学生，监管部门明显更加关注企业是不是"诚实"。

虽然利剑高悬，但每年监管机关通报的信息披露违规和财务造假案例仍旧不在少数。很多上市公司敢于在刀刃上跳舞，还是因为这里面的利益诱惑实在太大了。

我们在前面的内容中提到过"相对估值法"，投资者在评估企业的内在价值时，会按照"每 1 年的利润 × 合理市盈率"的公式来计算。这意味着，如果上市公司合理的参考市盈率是 20 倍，只要多调整出来 1 元钱的利润，很可能就能多出 20 元钱的市值。这将大大增加股东的账面财富，然后，他们可以及时把股票卖掉变现。

在报表上"调利润"这件事情，似乎比经营企业"挣利润"要容易多了。

上市公司经营成果主要通过企业利润表来反映，这张表的编制的基本方法被称为"权责发生制"。权责发生制的内涵是，企业当期收入和成本的确认，取决于"权利"和"责任"是否发生，另一层意思是与企业是不是收到或者付出了金钱没有直接关系。企业会计学历经百年发展，权责发生制已经成为支柱性的原则，它关乎人们对于财务报表核心功能的思考——企业财务报表应当准确反映企业在特定时间窗口里的价值创造，而所谓的价值应当是对企业行为的反映，不仅仅是"MONEY"。

但权责发生制的弊端也很明显，判断"权利"和"责任"是否发生，听起来就很写意，这种主观性让企业在调节利润方面如鱼得水。与"权责发生制"对照的会计方法是"收付实现制"，这种方法本质上就是记流水账。但它的优势是简单，越简单的东西越难被主观干预，像收了多少钱、付了多少钱、账上还剩多少钱这样的事情，玩花样的空间其实是很小的。

关于上市公司调节利润的行为，很多情况下并非不能接受，企业盈余管理甚至是一门专业技能，优秀的财务总监可以轻松实现年薪百万。但调节利润这件事情想要被容忍，原则上要以不违背会计准则为前提。实际操作中这个边界并不总是那么泾渭分明，在河边走多了容易湿鞋，不知不觉就触及财务造假的红线。

从财务造假"祖师爷"万福生科，到被浑水等做空机构连续狙击退市的辉山乳业、瑞幸咖啡，再到百亿现金不翼而飞的康得新，股市一桩桩财务造假大案让人触目惊心。在各路大神的鬼斧神工之下，数以亿计的利润被凭空捏造出来，而后真相败露，收割韭菜的镰刀再一次被高高举起。

正常情况下，上市公司财务报告的强制审计制度会成为保护我们的防线。不过，请会计师事务所的钱毕竟是企业掏的，就算真发现了上市公司有财务造假的情况，"拿人钱财，让人遭灾"这种事情也不太好办，会计师事务所有可能会放弃自己的独立性，与上市公司同流合污。投资者如果因为上市公司财务造假而蒙受损失，可以通过司法途径索赔，但面对千夫所指，有能力履约的上市公司寥寥无几。

所以，想要避免掉入上市公司的财务陷阱，主要还是得靠我们自己。好在我们并不需要记住那些琐碎的会计记账方式，也无须掌握复杂的财务造假技巧，就像我们常常说的那样，最重要的是保持一颗警惕的心。

如果一家上市公司营业收入增长过快，我们要重点关注这家企业是不是过度使用了赊销政策，甚至伪造了业务合同——这些都会表现为公司应收账款的超比例增长。如果是以工程为主业的上市公司，我们要注意某些项目的进度是不是异乎寻常地快，有没有可能超前确认了收入。

如果一家上市公司的毛利率突然增加，我们应该去看看企业究竟是在某些高毛利的产品和服务销售上取得了突破，还是在成本分摊的时候做了文章，把一些本该放在今年的成本放在了以后。

如果一家企业的利润暴增，我们要想想它是否为了一些

第三章　股票篇：炒股为什么总是亏？

139

特殊目的，比如完成业绩对赌或避免退市，而采取了非常规调节手段。

这些操作都可以让财务数据变得更加好看，并带来公司价值的暂时提升，但实际上对企业经营并没有什么帮助，还会带来各种各样的"后遗症"。那些被调节或者捏造出来的利润不会凭空消失，而是需要在上市公司的资产负债表上找个地方"住下来"，导致某些会计科目迅速膨胀。有些上市公司应收账款和存货的规模巨大，但这些"数字"资产的背后可能啥都没有，且终有一天会现出原形。

10. "杀猪盘"下了什么套？

我们也许接到过这样一类电话或信息："先生／女士您炒股吧？只要你加入我们的股票群，每天都有金股推荐，并且有很厉害的老师一对一地指导哦。"

多数人自然是不相信的，但总会有人抱着先试试看的心态入群。我们想着：反正入群又不用交钱，大不了多留一个心眼，不见兔子不撒鹰就行了。

我们想象一下自己已经是"金股群"的成员了，接下来会发生什么事情呢？

入群以后，我们立即感受到了紧张热烈的气氛。群里不仅有各种各样的"金牌讲师""股神""专家"定期授课，塑造专业形象；还有很多"兔子"不时地蹦出来，在一旁感激涕零，大声呼号"老师您太牛了！"甚至不惜把个人的盈利截图分享出来。

这时有一个客户经理会出现，热情地问我们要不要加"老师"的微信或者进入一个 VIP 群。我们似乎也没什么道理拒绝这个人畜无害的请求。新来的"老师"在寒暄一阵后，会向我们推荐几只股票。我们当然没那么傻会马上跟着买，然后神奇的事情就出现了——这几只股票竟然真的上涨了。

在这样循环了好几轮之后，我们终于不淡定了。毕竟没有人会跟钱过不去嘛！这时候客户经理又出现了，他告诉我们，需要先交一小笔的"信息费"（如几万元），才有资格继续跟"老师"操作。但我们现在已经相信"老师"是有真本事的，能帮人挣钱的人收点钱也合理，不收钱才有问题。

然而，在我们交了钱之后，"老师"的荐股突然就没有那么精准了，我们也开始亏钱。当我们终于忍受不了亏损，准备找"老师"算账的时候，"老师"、客户经理却带着我们的血汗钱一起消失了。

这是一个经典的荐股诈骗案的样子，这张由骗子们精心编织的、环环相扣的网，也被称为"杀猪盘"。没错，骗子就是在说我们是"猪"！

投资者之所以会上当受骗，起关键作用的莫过于那几只一推就涨的股票。不论有没有专业知识都很难看穿这种神奇的"非自然现象"，被击穿心理防线也很正常。而只有经历了血淋淋的教训之后，才会去思索它背后的真相。

在看了不少案例后，现在我们来试着解析一下"老师一推，股票就涨"现象是如何实现的。

第一种手段是选择性宣传。"老师"们会倾向于推荐近期非常活跃，如连续涨停的股票。

这种股票的特点是波动比较大，可能大幅上涨或者下跌。如果股票上涨了，客户经理就大肆宣传；如果下跌了，则绝口不提。也就是说，并不是"老师"推荐的股票真的都涨了，只是我们觉得它们在涨。这并不妨碍"老师"渐渐在 VIP 群中树立起神预测的形象。

第二种手段是一套"幸存者偏差"的逻辑。过程大致是这样的：骗子找到了 16 个目标客户，给他们介绍 16 只不同的股票，结果客户持有的股票有 8 只涨 8 只亏，骗子将 8 个亏损的客户拉黑。接下来再对剩下的 8 个客户如法炮制一遍，4 个亏损的客户被拉黑。再剩下的 4 个客户连续赚了两天钱，差不多就已经心动了。这个骗术的精髓可以总结为，不是每个人都有被骗的资格，而我们恰好是"幸运"被选中的那个。

第三种手段有点像直播带货，只不过"货"是股票而已。

骗你的人可能真的有上千万元的资金，对于一些市值小、关注度低、成交额小的股票，完全有能力翻云覆雨。当"老师"向我们推荐股票后，其背后的资金会在短时间内把股票价格拉升，等到反复几次下来我们深信不疑，并开始跟着老师操作时，他们就可以把预先买入的股票卖出。在这时，我们已经高位接盘了。

接下来，我们再来看一些真实的案例，包括 2020 年嘉美包装、珠江实业的"杀猪盘"，2021 年深圳的大连华讯案等。

2020 年 9 月 9 日，上市公司嘉美包装上演"天地板"，轻触涨停价后以跌停价收盘，之后连续 3 天跌停，距 9 月 9 日股价最高点累计下跌达 58.75%。后来经查证，这就是一个典型的"杀猪盘"。9 月 9 日前，骗子们早就开始布局，筹集资金，招揽散户，在荐股群里搞气氛、带节奏。9 日这一天，他们先是利用借入的 4 亿元资金，通过 80 多个证券账户，以连续交易、对倒等方式大幅拉抬嘉美包装股票价格，在普通投资者接盘后反向卖出，一番操作后获利数千万元。

与嘉美包装差不多时间中招的还有上市公司珠江实业，比较特别的是，珠江实业还是一家国有企业。2020 年 9 月 28 日晚间，公司发布一则交易异动公告，直接点明"市场上存在有人利用社交媒体推荐买入公司股票的情况"。据说带头老师群里的带货非常嚣张，直接喊出"如果这次不让这只股票连续涨停，以后提头来见，永不踏入股市"的狠话，吸引了很多投资者跟风。

2021年1月，深圳警方出动了800多名警力突袭了福田区的一栋写字楼，当场逮捕了147名犯罪嫌疑人，被收网的对象是一家名为"大连华讯"的企业。大连华讯不仅拥有证监会批准的投资顾问牌照，还在新三板上市了，2017年有9个亿的营收和8000万元净利润。大连华讯的核心产品是一款名为"华讯APP"的软件，用户在缴纳最低8800元的年服务费后，就能通过软件享受荐股服务，但后来证明这些荐股算法都是胡编乱造的，毫无技术含量，让投资者亏惨了。根据公安部门的统计，大连华讯的涉案金额高达27亿元，是近年来影响最大的股票诈骗案。

都说骗子不可怕，就怕骗子有文化。随着金融科技的发展，以上骗术还逐渐衍生出更高级的形态。市场上有一些炒股软件、APP，界面制作很精美，名字也很有诱惑性，如"同花顺机构版"等。更加吸引人的地方是，这些软件、APP都宣称能够通过"AI选股""智能标注买卖点"的方式帮用户挣钱，也会拿出一些成功的案例作为证据。关键是，我们下载安装并开始操作后，发现自己还真的赚钱了。

但我们想不到的是，赚钱背后的秘密竟然是软件开发人员把后台改了！不论成本、价格、涨跌幅、浮盈等，都是虚假的数据，这还不是想怎么赚就怎么赚。刚开始，我们发现赎回股票、取现功能都是正常的，就对这个"诱饵"放松了警惕，而当我们开始兴奋上头并加大投入后，骗子就收网了。突然有一天我们发现软件死机了，才恍然大悟，原来自己的投资款打进的压根不是股票账户，而是骗子的腰包。

为了保护中小投资者，证监会在 2022 年 12 月印发了《非法证券活动网上信息内容治理工作方案》，要求各地各有关部门共同努力，在 2023 年 3 月前把网络上的"黑嘴"、"大师"、"荐股群"、软件平台等都好好收拾一遍。在那之后，非法证券活动得到了有效遏止。不过，股市到处都是金钱的诱惑，骗子们肯定是不愿意放弃这片沃土的。

那我们该如何防骗呢？法宝仍然是不要轻信别人，该怀疑时就怀疑。如果有人向我们推荐股票，我们要先问问对方有没有从业资格，不然就是违法的。与此同时，也要想想对方宣传、承诺的收益是不是合理，不要奢望超出常识的回报。

总结和启示

1. 股市被"妖魔化"并不仅仅是股市本身的原因。如果我们不能正确地理解股市，不能进行科学的股票投资，股市就会真正地变成"韭菜收割机"。

2. 为什么"十个股民七个亏"？因为多数人总是在"高买低卖"，而且一而再、再而三地这么做。

3. "价值投资"最大的困扰，是我们压根搞不明白一家公司的"内在价值"是多少。所以，"价值投资"只可远观，无法亵玩。

4. "技术分析"不是伪科学，它有道理，但照葫芦画瓢未必好使。

5. "跌得多""股价低"绝不是我们可以抄底的理由。"估值低"听起来要更靠谱一点，但要警惕财务数据更新慢导致的认知偏差。

6. 白马股不一定能闭眼买，小股票多半挣不了大钱。

7. 在股市中频繁操作不可取，没有人能神机妙算但手续费却很贵。

8. 由于购买溢价的存在，可转债并不能"保本"。但更关键的事情是，既然是债，就不一定总能兑付。

9. 靠股息率挣钱最大的注意事项，是要看上市公司的高分红究竟能不能持续。

10. 我们看到的每一份财务报表都可能是不真实的，至少会有不真实的部分。怀疑那些不合理的数据，能让我们远离"爆雷"惊吓。

11. 别在"金股群"里浪费时间，别信那些自诩股神的"老师"，别花钱买那些号称能提示买卖点的软件。

第四章

基金篇：专业人士真专业吗？

证券投资基金是一种通过发行基金单位，集中投资者的资金，由基金托管人托管，由基金管理人管理和运用，从事股票、债券等金融工具投资，并将投资收益按比例向投资者进行分配的投资方式。由于货币基金、债券类基金的性质和我们之前讨论过的固定收益产品比较类似，这里不再做过多说明，本章中所指的基金主要是以投资股票为主的"权益类基金"。

基金和债券、股票这些金融资产不太一样的地方，是它是一种"间接"投资工具。投资者表面上买的是基金，实际上是通过基金去买了其他资产，或者好几种资产的组合。

基金结构可以给投资者带来两方面的好处：一个是基金"募集资金再投资"使得小额投资者分散投资也成为可能；另一个是投资者把决策权委托给基金经理，可以实现"专业人做专业事"，降低了投资者的专业门槛。

先说一下"募集资金再投资"。多数投资者投入股市的钱可能只有 5 万元、10 万元，按照 100 股一手的最低购买限额，往往买不了几只股票就没钱了。持有股票少会有一个坏处，一旦有一只股票出了问题，就会导致资产池的严重亏损。基金集中很多投资者的"小钱"，然后把仓位分散，相当于投资者的少量资金也能投资很多只股票。基金结构能最大限度降低"黑天鹅"事件的影响，就算"踩雷"也只会影响到净值的一部分，不至于让投资者伤筋动骨。

再来说一下"专业人做专业事"。股票投资还是一件比较专业的事情，想要做好至少要学习宏观经济、行业分析、公司估值、交易所规则、技术分析等很多知识，这不是一个普通人能轻易搞定的。投资者把自己的财富委托给基金公司，基金公司会聘用基金经理来帮助投资者打理。这些基金经理都非常厉害，高智商、高学历，由他们集中打理资产，广大投资者就不必去费劲啃书本，也不必去直面变幻莫测的股票市场，有了安心数钱的机会。

除此以外，在聚集大量资金后，基金还可以获得规模回报。类似网下"打新"①这样的投资方式，散户无缘参与，机构却可以靠它来增厚收益率。

这些好处，使得基金成为金融行业中一个非常有生命力的组成部分。甚至可以说，财富管理的任何模式最终都会走

---

① 关于"打新"的知识详见第五章。

向基金。一个反例是，现在很多"财富自由引路人"，费尽口水要教老百姓学投资。里面其实有个悖论——要省时间的，学习投资知识反而花了更多时间；真的有本事的话，直接发个基金，帮人挣钱就好了。

但现实再一次宣示了它不是"理想国"。说基金这么多好话，也拦不住它会亏钱。尤其是刚刚过去的 2023 年，主动权益类基金中超过八成是亏钱的，这也引发了投资者对于基金的"信任"危机，觉得自己的管理费白交了。在本章中，我们将来一起探究，头顶光环而生的基金为什么会遭遇滑铁卢？我们所托付的那个人，真的值得我们信任吗？我们又该如何防范基金中的投资风险呢？

1. 买基金"追星"，靠不靠谱？

基金经理是基金的灵魂，对基金业绩的影响不言而喻。一个基金经理，少辄管理几个亿的钱，多辄管理数百亿元甚至上千亿元。他们有时一个指令，就能影响到某只股票的日内走势。正因为这个职业的含金量极高，因此基金经理又被称为金领中的金领，我们梦寐以求的百万年薪在他们那里只是起步价。而能从事这个职业的人也都不是一般人，得是精英中的精英。

如此看来，投资基金的首要法则，就是选择一名优秀的基金经理，然后把老本托付给他。

问题在于，投资者不知道哪一位基金经理优秀，哪一位基金经理不优秀。一种最简单的选择方法，就是选那些名气大的、历史业绩好的。但如果这样做的话，我们很可能会遭遇基金圈里著名的"明星魔咒"。

有很多在上一年基金业绩表现最好的基金经理，往往会在后面几年业绩直线下降，甚至被清盘出局。有的基金经理原来在公募基金的时候"一览众山小"，各种荣誉拿到手软，但后来自立门户，去做私募，业绩就突然不行了。2023年股市低迷，很多曾管理数百亿元乃至千亿元规模的明星基金经理在业绩大跌后纷纷卸任，引领了公募基金经理的离职潮。看来，在市场的浪潮中，基金经理其实也很脆弱，再亮眼的明星，也是会过气的。

有的学者发现了一个有趣的统计现象。那些历史业绩表现较好的"明星"基金，其超额收益率并不能维持多久，在一段时间之后还会出现业绩"反转"现象，基金的收益率跑不过大盘指数。

表 4-1 "明星"基金业绩会在 24 个月之后出现反转

	样本基金	明星基金	垃圾基金	明星基金 – 垃圾基金
Panel A	持有 6 个月			
$\lambda_{1,t}$	−0.0615*** （−5.39）	0.0586** （2.35）	0.0959*** （2.65）	−0.0474*** （−2.61）
Panel B	持有 12 个月			
$\lambda_{1,t}$	−0.1036*** （−5.85）	0.0462 （1.24）	0.2336*** （4.78）	−0.0053 （−0.18）
Panel C	持有 24 个月			
$\lambda_{1,t}$	−0.2908*** （−11.73）	−0.1035** （−1.94）	0.2747*** （5.28）	0.0831 （1.71）
Panel D	持有 36 个月			
$\lambda_{1,t}$	−0.5038*** （−26.26）	−0.3251*** （−6.47）	0.1163** （2.43）	−0.0564 （−1.03）

注：① ***、** 分别表示 1%、5% 的水平下显著。

②方先明、孙瑾瑜、权威利用我国股票型和混合偏股型开放式基金 2006 年
10 月至 2016 年 9 月的周频数据进行研究，发现具有优秀历史业绩的"明星"
基金，在未来 6 个月内有显著的超额正收益，但在 12 个月后超额收益将消失，
24 个月之后则出现了超额收益为负的"反转"现象。有趣的是，具有差劲
历史业绩的"垃圾"基金，无论持有时期多长，坏业绩总是具有持续性。①

如此看来，在买基金的时候"追星"并不明智，这背后

---

① 方先明，孙瑾瑜，权威.明星基金具有投资价值吗？——来自超额收益
存在性和持续性检验的经验证据［J］.东南大学学报（哲学社会科学版），2017，
19（03）：108–120+148.

的原因也是多方面的。

首先，基金经理也是人，无法全知全能。在专业能力上的天然边界，使得他们无法追上股票市场板块轮动的节奏。A股市场存在一定板块轮动效应，需进一步挖掘长期价值投资空间。我们至今经历更多的市场行情是今年消费品股票涨得好，明后年的行情可能就跑到周期股去了。可基金经理是有自己的"英雄池"的，让熟悉消费股的基金经理突然去搞周期股就不太现实。专业上的边界固化了基金经理的风格，风格的惯性必然会和板块轮动的节奏冲突。如果基金经理能力范围内的行业单一，今年一马平川，明后年可能就撞墙了。

比如，有的基金经理擅长挖掘重组股，2012年以前退市股少，重组机会多，他的业绩就比较好，但当注册制日益成熟，退市股增加，他就不复当年之勇了。再比如，有的基金经理偏好消费股，过去几年消费股指数表现好的时候，重仓此类股票的基金经理迎来高光时刻，但伴随板块的深度回调又滑落神坛。基金经理们所擅长的领域，有时能成为光环，有时又变成了锁链。

其次，基金经理成为明星后受到基民追捧，其管理规模会迅速膨胀，在带来更多管理费收入的同时也提高了基金的管理难度。拿1个亿炒股跟拿100个亿炒股压根不是同一件事情，何况不少明星基金经理需要管理上千亿元的规模。这些钱都足够控制好多家上市公司了，要把它分散投资下去又谈何容易。其实，基金经理在管理基金时天然就有很多约束，比如单一标的的持仓比例不能高于某一个水平，总仓位不能低于某一个水平，应当保持一定的现金以应对赎回，等等，远不如私募或者散户灵活。在这些限制下，基金经理就算有才也很难全部发挥出来，在管理规模巨大时更是犯难。

最后，为了创造品牌效应，吸引更多的资金流入，有些小基金公司还会刻意"造星"。即集中整个公司的投资研发力量和资源，甚至通过内部"抬轿"的方式，重点支持一个或少数几个基金经理。所以，投资者看到的明星基金经理，也许并非他们自己能力超卓，而这种揠苗助长的业绩显然是难以持续的。一旦基金管理公司调整了内部资源分配，明星基金经理很可能就变成明日黄花了。

甚至还有人认为，所谓的基金经理的"明星魔咒"只不过是问题的冰山一角，在水面之下还潜藏着更加深刻的问题——基金经理究竟能不能帮投资者赚到钱？

一方面，基金经理中很难有真正意义上的常青树。基金圈里一直有"双十基金经理"的说法——"双十基金经理"需要具有超过10年从业经验，且在任期内平均年化收益率超过10%。这个标准看起来不高，其实难透了。根据媒体统计，在全市场有 3000 多位公募基金经理（权益类基金经理约占 2/3），能做到"双十"的只有 50 多位，比例不到 2%。"年化 10%"这个目标有多难，在这里也可见一斑。

另一方面，有时候我们发现在股市里完全不操作，好像也能躺赢。来看一个真实的故事。2022 年 10 月，浙江台州一位股民突然收获了意外惊喜。浙商证券在合规自查的过程中发现一个长期未交易的账户，几经辗转找到了客户。这位客户起初将信将疑，勉强想起 2008 年曾开过一个证券账户，并买了一点点股票。经查询交易记录，他当时的资金投入是 1 万元，在历经了 14 年之后，他持仓的市值已增值到 50 万元。按照复利计算其年化回报高达 32%。

关于主动管理型基金一直有一个"伤害性不大，侮辱性很强"观点，被称为"蒙眼猴子"理论。大致意思是这样的：随便找一群猴子，把猴子们的眼睛蒙起来去扔飞镖，扎到哪只股票就买哪只，结果都未必会比基金经理差。"蒙眼猴子"理论认为市场处于一种随机漫步的状态，所以基金经理们的努力很可能是无效的。

到这里投资者一定会想，选基金、选基金经理真的毫无意义吗？我们的管理费都白交了吗？下一节会更详细地解释这个问题。

第四章　基金篇：专业人士真专业吗？

155

2. 基金经理能不能跑赢大盘?

2013 年的诺贝尔经济学奖颁给了两个人。一个是"有效市场假说"创始人尤金·法玛,另一个是"行为金融学"的奠基人罗伯特·希勒。这个结果充分体现了诺贝尔奖对于学术的尊重和包容,也反映了人们在灵魂深处的纠结——"有效市场假说"和"行为金融学"都很伟大,但它们在所持观点上却针尖对麦芒。

"有效市场假说"是金融学里最为经典的理论之一。它认为在一个有效的市场里,任何新信息(不论是公开信息还是内部信息)都会被理性的市场参与者很快获悉和领悟,它们会决定公众的交易行为,并最终反映在股价的变化上。没有一个人因为信息优势而占得先机,所以主动投资的超额收益为零;也就是说,基金经理将无法战胜"蒙眼猴子",也不能跑赢大盘。因此,所有的专业机构有且只能有一个目标,那就是通过构建组合获得市场的平均收益率。

看上去,"有效市场假说"的支持者有足够多的理由,来解释市场为什么会越来越"有效"。

一方面,投资机构"内卷"、信息大爆炸让"好机会"越发稀有,互联网的普及、信息的爆炸和全民投资潮流的兴起已经让"机会"变得越来越奢侈,投资者能够看到的每一个

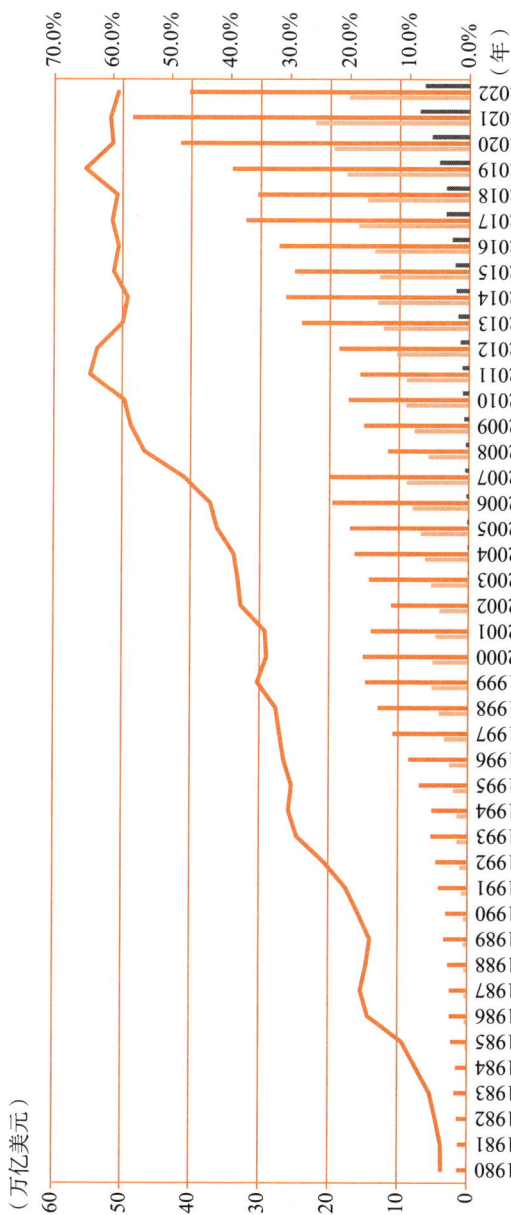

图 4-1 美国机构投资者资产规模占比变化[①]

① 数据来源：WIND，美国投资公司协会，世界银行。

157

细节，也许都在被数十或者上百人同时看到。当大家一起行动，机会将稍纵即逝。

另一方面，股票市场的"二八分化"也让主动管理型基金的定位越发尴尬。若主动基金不配置龙头企业，由于其他个股难以跑赢龙头，该主动基金大概率是跑不赢指数的；若主动基金配置龙头企业，那么该主动基金与指数的收益率将会趋同。

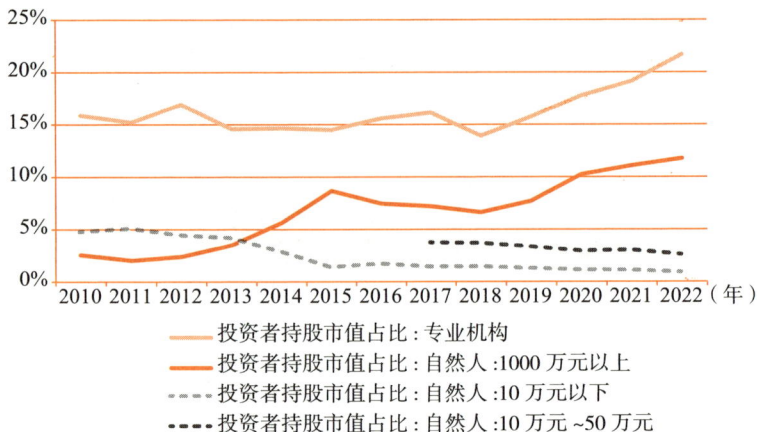

注：2012年以来，A股市场（上证）中50万元以下小额投资者的持股市值占比在不断下降，但投资基金的持股市值占比则在不断提升。

图4-2　上交所不同类型投资者持股市值占比变化 [1]

但就在这个时候，"行为金融学"阵营也发出了自己的怒

————————————

① 数据来源：WIND金融终端，上海证券交易所。

吼，他们的底气在于投资界有无数的"传奇"给他们站台。

"股神"巴菲特算得上"有效市场假说"的支持者，但别忘了他自己却是一个反例。在长达 58 年的时间里，巴菲特管理的基金实现了近 20% 的年化收益率，远远战胜了市场。

约翰·内夫被称为"市盈率鼻祖"。从他 1964 年开始管理温莎基金直至 1995 年退休，在长达 31 年的时光中，温莎基金有 22 年战胜了市场，年化收益率超过了 14%，而同期的标普 500 只有 9%。

詹姆斯·西蒙斯则向我们诠释了什么是"天才"。他在 23 岁的时候就获得了加州大学伯克利分校数学博士学位，随后出任哈佛大学数学系讲师。他和华裔数学家陈省身一起创立了"陈–西蒙斯规范理论"，证实了爱因斯坦相对论描述的扭曲空间确实存在。他在数学领域如此厉害，却要转行去炒股。西蒙斯 1988 年创立了大奖章基金，在整整 30 年时间里，平均年化收益率接近 40%。

霍华德·马克斯所著的《投资最重要的事》《周期》被许多投资者奉为圭臬，但他也用实力证明了自己不只是纸上谈兵。霍华德旗下的橡树资本，在 1988 年至 2020 年间实现的年化收益率高达 21%。

一个又一个"传奇"诞生，才让投资这件事情神秘而富有魅力。虽然有"有效市场理论"在前，但应该也不能说"传

第四章 基金篇：专业人士真专业吗？

159

奇"们都是靠蒙的吧。那他们究竟是靠什么战胜了市场？

"行为金融学"直面"有效市场假说"，提出了一个有趣的悖论：如果一个理性的投资者卖出了股票，那从这个投资者手上买股票的那个投资者是理性的吗？如果你要卖出股票，为什么我要买入呢？因此，交易行为本身就代表着非理性。

行为金融学理论认为，市场中的投资者并不是像机器一样冷酷无情，他们有血有肉有情绪，甚至在多数情况下是"非理性"的。投资者会被股票大涨冲昏了头脑，也会因为投资失误而懊悔、愤怒、恐惧，乃至掀翻牌桌。有时候他们很自负，觉得自己做什么都是对的；有时候又会"从众"来寻求内心安慰。市场中的情绪波动决定了价格无法快速回归价值，所以多数情况下市场都会处在偏离的状态。

投资者的"非理性"造成了市场的"非有效"，在"非有效"的市场中，价格无法充分反映全部的市场信息，或对信息的反馈存在时滞，人就可以战胜市场。投资界的"传奇"们，正是利用了市场的"无效"，以超乎常人的冷静洞察和分析能力，甚至是私有信息而获得超额收益。"非有效"的市场也给主动型基金，以及管理基金的基金经理们提供了生存的土壤。就算是主动型基金对于市场没有明显的超额收益，优选基金依然还是很重要的。

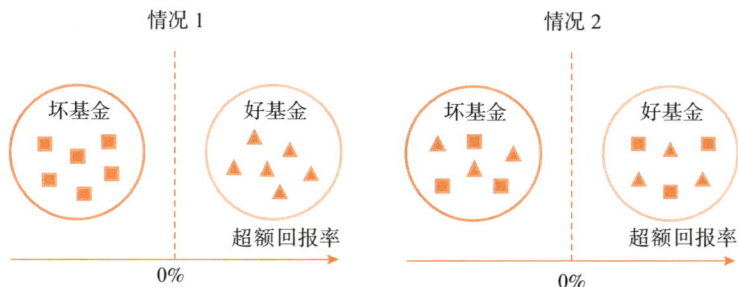

注：如果好基金和它们的基金经理拥有着某些共同特点，那么就可以证明"优秀"在市场中是有用的。如果好基金的基金经理和坏基金的基金经理都差不多，那说明"蒙眼猴子"定律正在生效。

图4-3 好基金（基金经理）是否存在共性？

关于市场"有效"还是"非有效"的争论，即使智慧如获得诺贝尔奖的经济学家，也无法找到最终的答案。现实世界中的市场则更趋向于"有效"与"非有效"混合，"有效"表现为价格会向某个神秘的价值中枢回归，而"无效"则体现在这个过程可能会比较漫长。

其实，这个问题的答案似乎也没那么重要。

对于普通的投资者来说，我们可以按照"有效市场理论"的建议，去投资指数基金、ETF基金或者FOF基金。这些类型的基金以分散投资的方式去跟踪市场的平均收益率，无疑是最省时省力的做法。当然，我们也可以按照一定的方法去选择基金，选择相信基金经理的专业和才华。但不论走哪一条路，投资者都需要建立合理的收益率预期，不要奢求

"超常"回报,"超常"回报的背后也往往意味着"超常"的风险。

3. 选基金最容易忽略什么?

接下来,我们再来聊一聊投资者应该如何选基金的问题。

"如何选基金"并不是一个简单的命题。这在学术圈甚至成为一门学问,被称为"基金评价"。在理解基金评价的各种方法之前,需要先弄清楚评价的标尺是什么。就好比先要画出"刻度",之后才能去量长短。

投资者投资的原始冲动是获得投资收益,买基金最关心的自然也是基金的赚钱能力。衡量基金赚钱能力最主要的是"收益率"的指标,如"基金净值收益率""基金复权净值收益率""基金净值相对收益率"。其中,"基金复权净值收益率"是指在考虑分红或拆分因素后,基金的净值增长率,它更能真实反映基金的长期综合收益;而"基金净值相对收益率"则反映了基金净值变动相对于市场指数的表现。

现在投资者点开任何一款手机银行、手机证券的 APP,很容易就会看到一整个屏幕的基金推荐。它们中的很多只的收益率都高达 10%,有的甚至超过了 20%。漂亮的历史收益率对比曲线和光鲜的基金经理履历,让投资者充满了立即下单"躺赢"的冲动。

越是在这样的时候，我们越要留个心眼，注意其中存在"猫腻"的可能性——并不是投资者看到的基金年化收益率都超过了 10%，而是只有年化收益率超过 10% 的基金才会被看见，而那些收益率不好看的基金早就被无情地屏蔽掉了。

况且，只通过收益率来评价一只基金无疑是有局限性的，这时我们就需要重点关注一下基金评价的另外一个维度——风险。主要的指标包括"基金净值波动率"和"基金净值最大回撤"。

"基金净值波动率"可以通过基金净值的标准差来表达，反映的是基金净值围绕均值上下波动的程度。波动率越高的基金，意味着收益率的不确定性越强。除了绝对的波动率，还有一个相对波动率的指标，我们将其称为"贝塔指数"。基金的贝塔指数越高，说明在大盘上涨时基金的表现更生猛，同样大盘下跌时也亏得更惨；如果贝塔指数为 0，说明基金净值变化处于无视大盘的状态；有时也存在基金贝塔指数为负数的情形，则说明这只基金涨跌和大盘涨跌是相反方向的。

"基金净值最大回撤"是在一个特定的时间段里，基金净值从高点到低点的幅度，也代表着在运气最差的情况下我们投资这只基金可能遭遇的最大损失。最大回撤其实是基金波动率的另一种形式，但因为其表示风险的方式更加直观，也得到了广泛应用。

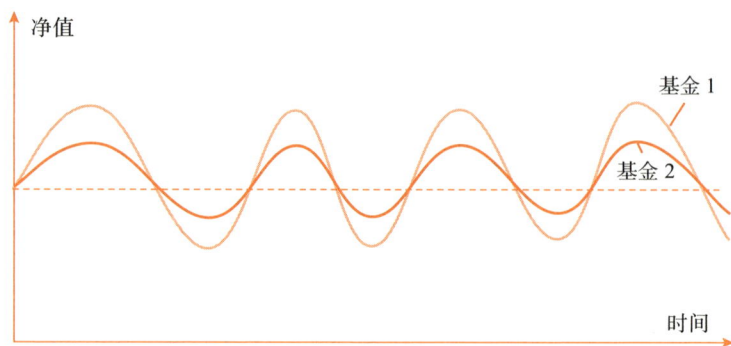

注：基金 1 的净值收益与基金 2 相同，但波动率却要明显地高于基金 2。

图 4-4　基金的"净值波动率"

── 基金 A 的净值

注：图中的这只基金在最近 3 年里的最大回撤为 25%，它反映的是这样一种最糟糕的情况——2021 年 9 月 13 日，我们在 A 点买入 10 万元基金，然后在 2022 年 4 月 26 日将它卖掉，这一波操作中，我们亏损了 2.5 万元。

图 4-5　基金的"最大回撤"

"收益"与"风险"是基金评价的两个刻度，二者同样重要，如果收益率是不确定的，投资的复利效应就无法发挥作用。遗憾的是，我们总是习惯于追捧前者而忽略后者。绝大多数基金销售平台也会投其所好，在做基金推广的时候会把收益指标放大得很醒目，还要使用鲜红的字体，风险指标却都被缩得小小的，或者在首页上压根就看不到。这种行为其实也可以理解，如果把"你可能会亏钱"的信息突出宣传，有哪个投资者会买账呢？

　　平台刻意地弱化基金风险指标会有什么问题呢？我们看到某只基金的收益率是100%时，很可能会觉得，自己今年投进去1万元钱，明年就有2万元了。但"100%"这个数字显然没有表达出与这只基金有关的全部信息，它只是向我们展示了很多可能结局中最好的那一种。绝大多数投资者想要的都是"稳稳的幸福"，却很可能误打误撞购买了收益率高，但同时波动、回撤也大的基金。大幅度的浮亏并不是每个基民都能承受的，一旦他们悔恨不已，掀桌子不玩了，浮亏就变成了永久性的。

　　所以，这些不那么明显的风险指标，是投资者尤其要多加注意、认真分析的。看到风险，理解风险，也是投资者走向成熟的必由之路。

　　只看收益不看风险明显是不合适的，但反过来其实也一样。对于基金投资者来说，本身就需要具有承受风险的预期。

一味求稳的人也压根不会去碰基金，把钱存在银行里就好了。此外，风险并不完全是一个客观世界的存在，而是与人的主观认识有深刻的联系。一个什么都不知道的人，投资路上将到处是"坑"，哪怕站着不动，财富也有可能被通货膨胀吃掉；但当投资者逐渐理解了资产的本质和脾气，投资风险就没那么大了。

选基金正确的打开方式是兼顾收益和风险，因此投资者必须用好基金评价这把"尺子"。这里面的秘诀是：好好想想，我们为了取得某个收益率水平而承受的风险是不是太高了？或者反过来说，我们是否因为承担当前的风险而获得了合理的回报？

在第一章我们在初识风险时曾经谈到过"前沿理论"，在"风险资产前沿"上的基金无疑是最好的。但"前沿理论"实在是太抽象了，压根没办法实操。聪明的经济学家们也创造了一些简单而易于应用的基金评价方法，把收益和风险放在一起来考虑。其中最有代表性的就是威廉·夏普提出的"夏普比率"：

$$\text{Sharp Ratio} = \frac{E\left(R_p\right) - R_f}{\sigma_p}$$

夏普比率等于基金预期收益率和无风险利率之差，再加上基金净值的标准差。其中"基金预期收益率和无风险利率之差"代表基金的超额收益，而净值的标准差则是代表波动率。用大白话来说，夏普比率反映的是基金投资者在承担每一单位波动时而获得的收益，夏普比率越高，意味着基金以更小程度的波动取得了与竞争者同样的收益率。

如果运用夏普比率来评价基金，我们将知道：业绩最好的基金既不是那些年化收益率最高的基金，也不是那些波动率、最大回撤最小的基金，而应该是夏普比率最大的基金。

夏普比率建立了一种风险和收益兼顾的评价方式，如此简单又如此重要。威廉·夏普也因此获得了诺贝尔经济学奖。

简单并没有什么不好，只不过总有很多人不觉得。一些机构逐渐建立了考虑的因素更多、看起来更有技术含量的基金评价体系，但在原理上其实和夏普比率并没有什么不同。

在基金评价领域最有代表性的机构当属美国的晨星公司（Morningstar）。该公司把市场上的基金细分为40多个小类别，然后再去分析这些基金的收益水平、风险控制能力，最后像对待小学生一样给他们评星，最好的10%能被评为"五星基金"。晨星公司于1984年创立，现在已经有上千名员工，业务遍布于世界上30多个国家和地区，为超过100万名客户提供服务，年收益超过1亿美元。

类似晨星公司做基金评价的机构还有美国的标准普尔公司、理柏公司（Lipper），我国证券行业的龙头老大中信证券、证券咨询行业的龙头老大万得等。如今，这些基金评价机构深刻地影响着投资者买基金的决策，绝大多数基金也都以成为"五星基金"为荣。

使用夏普比率或者基金星级评价都能让投资者对基金绩效有一个综合性的理解，但这些评价指标的局限性也很突出。评价指标往往是通过历史数据计算出来的，从而缺少前瞻性。举一个很简单的例子，如果一只优秀基金刚刚更换掉了基金经理，它依然会有高夏普比率，也很可能具有高星级，但这并不是基金质量的真实写照。

4. 基金销售都是"大忽悠"？

我们去买基金的时候，总会有一位基金销售员恰如其分地出现在我们身边，告诉我们他手边正有这么一只好基金——我们来模拟一下他向我们兜售基金的过程。

首先，基金销售员会向我们展示一组相对收益率曲线，蓝色的曲线代表着沪深 300 指数的累计收益率，红色的曲线代表着这只基金的净值变动。然后，我们就被深深地震撼到了，因为红线要远远高出蓝线一大截，这说明这只非同凡响的基金，它的年化收益率远远超越了沪深 300 指数。

接下来，基金销售员将告诉我们，这只基金的基金经理有多么与众不同。她毕业于美国常青藤的名校，拥有着 CFA

以及 CPA 的资格，有在多家全球顶级机构任职并管理数百亿美元资产的经验。

最终，基金销售员终于说服我们相信，尽管不能做出任何关于收益率的书面承诺，但这主要是考虑合规性的要求，但实际上，无数人已经在这只基金上享受了丰厚的回报，而如果我们现在不上车，未来将只能看着他们的背影后悔。

我们心甘情愿掏钱买基金的时候，几乎都已经相信自己将在未来的每一年获得与基金历史业绩相似的收益。为我们打理财富的基金经理是专业而优秀的，而我们担心的那些糟糕的事情不会发生在我们的身上。

到后来我们才发现，买基金原来真的会亏钱啊！"小概率事件"的概率并不是那么小。

当我们拿着亏损的基金账户去找基金销售员理论时，他通常只能诚恳地向我们念叨"市场有风险，入市需谨慎"，或者安慰我们说"现在市场是低位，您要不要再买点摊薄一下成本"。当然还有一种情况是，这名基金销售员早就另谋高就了。

如果基金的"明星魔咒"存在，那么基金销售员们无疑靠自己的三寸不烂之舌放大了魔咒的效果。他们让那些站在山顶的基金经理成了最受关注的人，然后无数基民也跟着站上了山顶。

资深的基金销售员自然知道"站岗"的风险，但他们中的多数人依旧会在行情好的时候卖基金，或者卖那些过去几年业绩最好的基金。这背后的原因很简单，基金销售员的绩效是与基金的销售规模挂钩的，因此他们会去做那些顺人性的、更容易让人掏钱的推荐。面对着像我们这样的小白，让小白相信"这只基金会继续优秀下去"，要比相信"这只基金会翻盘"要容易多了。

基金销售额与基金销售员的利益高度相关，而基金净值与基金销售员的利益却是无关的，所以，他们对我们买基金以后是否赚钱的关注就不那么强烈了。基金买方和卖方的目标不一致，使得卖方并非在最佳的时机向我们推荐基金，或者推荐的并非最适合我们的基金组合，也是导致"基金公司赚钱、基民亏钱"怪现象的重要原因。

我们有充足的理由怀疑基金销售员向我们兜售基金的动机。这并不是我们过于苛刻或者戴着有色眼镜，而是在当前基金销售的激励模式下一种保护自己的方法。

好在我国的监管部门一直重视保护中小投资者的利益。除了对基金行业严格监管，重拳整治不规范的销售行为，也在一直推动各种改革，希望从激励机制的角度出发，从根本上化解基金销售的乱象。2019 年 10 月，证监会发布了《关于做好公开募集证券投资基金投资顾问业务试点工作的通知》，开启了国内基金投顾业务。很多人压根都没有关注到这条新闻，但该通知却是一个重要的里程碑事件。

结合官方定义来理解，基金投顾是一个产品和服务的综合体，是"投"与"顾"的结合。所谓的"投"，就是帮客户选基金、做配置、赚投资收益；所谓的"顾"，是指根据用户画像和场景需求做好外延服务，让客户在投资之路上投得开心。

但这个解释还是有点"官方"。它并没有直击我们心中的疑问——买基金投顾产品和直接买基金的感觉好像也差不多。基金投顾人员和基金销售员一样都可以提供各种服务。我们原来支付基金管理费，现在也要支付投资顾问费。我们似乎很难说出基金投顾的诞生从哪些方面改变了行业。

其实，基金投顾真正的变革之处不是改变了基金投资者的投资体验，而是改变了基金销售的决策模型。再说得通俗一点，就是原来基金销售员为基金考虑，而现在的基金投资顾问为投资者考虑。

基金销售员原来找基金公司拿提成，卖得多拿得多。现在他们找投资者收投资顾问费，需要客户在市场里生存的时间长，才能一直有钱挣。现在基金投资顾问可能没有动力频繁地向我们推荐明星产品了，而是希望客户长期持有基金，希望客户的资产能保值增值。这样，买卖双方达成了目标一致。

基金投顾并不是最早的面向 C 端的投资顾问业务形态，在证券公司里早就有了。券商投顾会写股评，分析市场，帮投资者解决投资过程中的疑问，组织各种各样的活动，有的投资顾问服务也是收费的。但券商投顾和基金投顾的差异，在于基金投顾可以接受客户的全权委托去选择、购买基金，但券商投顾却不能够直接帮客户打理资产——事实上券商投顾也许压根就没炒过股，顾问有点"纸上谈兵"的意思，这也是监管方为了控制道德风险、保护中小投资者。这个差异决定了券商投顾一直是作为传统经纪业务（收股票的买卖佣金）的辅助而存在，无法成为创收的主力。基金投顾没有这个困扰，可以接受客户的全权委托去买基金，这让基金投顾的发展潜力也更大。

基金投顾在美国等成熟市场已经有很大的规模。据统计，2021 年底在美国登记注册的投顾公司已经超过了 1.4 万家，总管理资产规模达到 128.4 万亿美元，投顾服务渗透率达到 11.88%。相比美国，中国的基金投顾则还是个"小朋友"，截至 2021 年底，只有 60 家机构获得了试点展业资格，服务客户约 367 万个，服务资产约 980 亿元，渗透率为 0.4%。

最后再多说一件事情。进入 2023 年后，公募基金费率改革正式拉开序幕，根据证监会制定的改革方案，公募基金新注册产品管理费率、托管费率分别不超过 1.2%、0.2%；其余存量产品管理费率、托管费率将争取于 2023 年底前分别降至 1.2%、0.2%。在监管的驱动下，一大批公募基金纷纷落实了政策要求。虽然基金公司挣钱少了，中小基金公司的生存更加艰难了，对老百姓来说却是实在的福利。从另一个角度看，基金降费后我们购买增值服务的购买力也被释放出来，这又利好了基金投顾的发展。

5. 基金会不会"干坏事"？

在经济学里有一个非常著名的"委托—代理问题"。这类问题出现在一方（委托人）雇佣或授权另一方（代理人）执行某项任务或做决策的时候，最早是用来描述公司股东和经营管理层之间不对付的情况。

"委托—代理问题"的核心症结在于委托人、代理人的利益不一致和信息不对称。如果双方利益不一致，代理人就可能为了追求自身利益最大化而罔顾委托人的意愿和初衷，导致低效率和道德风险。如果双方存在信息不对称，代理人进行了暗箱操作，委托人却发现不了，代理人就会更加肆无忌惮。

我们花钱买基金也形成了一组"委托—代理"关系，基民是委托人，基金管理人、基金经理则是代理人，而基民和基金之间也会存在利益不一致和信息不对称的问题。公募基金一般只根据基金规模收固定 1 到 2 个百分点的管理费。由于基金业绩与基金管理费并不是直接相关的，基民对基金经理的约束作用比较有限。而在投资这件事情上基金经理的专业度也要远远高于基民，基金经理在干什么基民通常是不知道的，就算知道了很可能也看不懂。同时，在"一寸光阴一寸金"的资本市场，翻手覆手都是巨额利益，产生道德风险的可能性无疑也比其他地方更高。

2000 年 10 月，北京《财经》杂志刊登了封面故事《基金黑幕》，这在当时如一声惊雷，引发了社会各界长达数月的口水战和大讨论。这篇专题报道通过跟踪 1999 年 8 月 9 日至 2000 年 4 月 28 日间，国内 10 家基金管理公司旗下 22 家证券投资基金在上海证券市场上大宗股票交易记录，详细地分析了基金坐庄、对倒、接盘、虚构净值等暗箱操作行为，当时市场上的头部基金公司几乎都中招了。这时候基民们才知道基金里原来有那么多的套路。

在这些套路中，最著名也最遭人痛恨的无疑是"老鼠仓"，它和基金的坐庄行为有密切的关系。所谓的"老鼠仓"，是指基金经理利用内幕消息，在用公有资金拉升股价之前，先用自己个人的资金在低位建仓，待用公有资金拉升到高位后，个人仓位率先卖出获利的行为。在过去，由于金融行业数字化水平不高，缺少大数据分析等先进的监督手段，导致"老鼠仓"被发现的难度很大，一度非常猖獗。

但监管部门整治"老鼠仓"的决心也是巨大的。为了有效震慑作案者，国家权力机构直接把这类案件写入了《中华人民共和国刑法》[1]。

2013 年的马乐案堪称一个里程碑事件。2014 年 3 月，深圳中院一审判定马乐有期徒刑 3 年、缓刑 5 年，并处罚金 1884 万元。但关于这个"缓刑"是否够分量，引发巨大争议。2015 年 12 月，最高人民法院在深圳第一巡回法庭二审改判，取消了"缓刑"，开了首例"利用未公开信息交易罪"适用"犯罪情节特别严重"的先河。

在这个案件中还有另外一个细节——如果仅仅从基金业绩的角度来看，进了监狱的马乐似乎可以算得上一个好基金经理。马乐进入博时基金前，博时精选股票证券投资基金在业界的排名是 90% 开外，被破格提升为基金经理的马乐则凭一己之力，让博时精选的排名蹿升到了 24%。这对一个近 100 亿元的大盘基金而言，是非常了不起的成绩。连公诉检察官在法庭上也承认，马乐并没有损害基金的利益。

---

① 《刑法》第 180 条第 4 款规定：证券交易所、期货交易所、证券公司、期货经纪公司、基金管理公司、商业银行、保险公司等金融机构的从业人员以及有关监管部门或者行业协会的工作人员，利用因职务便利获取的内幕信息以外的其他未公开的信息，违反规定，从事与该信息相关的证券、期货交易活动，或者明示、暗示他人从事相关交易活动，情节严重的，依照第一款的规定处罚。（情节严重的，处五年以下有期徒刑或者拘役，并处或者单处违法所得一倍以上五倍以下罚金；情节特别严重的，处五年以上十年以下有期徒刑，并处违法所得一倍以上五倍以下罚金。）

但马乐最终被从重量刑，这说明司法机关所重视的并不是马乐"老鼠仓"的直接后果，而是这种行为触及了信息披露的红线。还有一类最悲催的"老鼠仓"，一顿操作猛如虎，不仅没挣到钱，反而亏得一塌糊涂，而这也不是作案者免于受罚的理由。

缓解基金市场"委托—代理问题"，需要设计有效的激励机制和监督机制，而监督机制中最核心的部分就是有效的信息披露。到现在为止，我们已经多次强调了"信息披露"对于资本市场的重要意义，这是维持市场秩序公平公正的基础，也是投资者能够"用脚投票"的基础，只有这样，资本市场才能进行合理的优胜劣汰。

随着金融法治体系的日益健全和监管水平的不断提高，聚光灯下的"老鼠仓"现象已经得到了根本改观，但一些隐而不见的交易依然存在，甚至要靠更加复杂的统计分析才能发现。以下我们来列举一二。

1989 年，两位美国学者发现了基金定期报告（年报、半年报、季报）中一种奇怪的现象：如果按照基金定期报告中披露的股票组合来模拟基金业绩，得出的结果和基金真实业绩是不一致的，并由此推断基金很可能进行了一些没有反映在报告上的隐形交易。后来一些国内学者也发现隐形交易在我国基金市场中是存在的。另外，薪酬激励越强、业绩压力越大的基金隐形交易程度也越高，说明隐形交易是基金经理出于利益动机而主动为之。

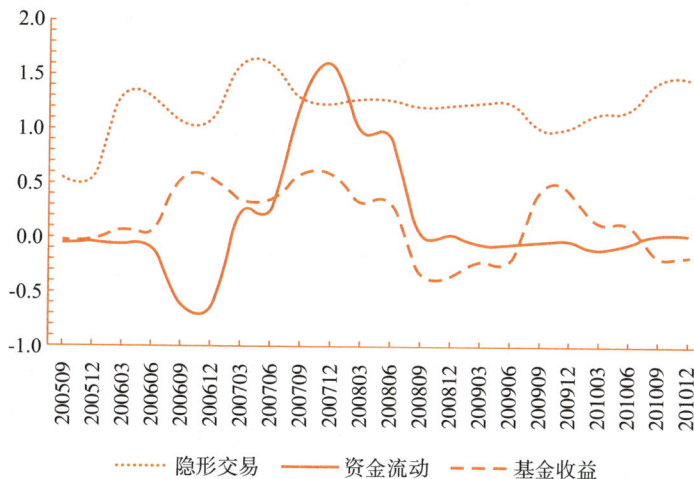

注：美国学者 Grinblatt 和 Titman（1989）开创性地采用了基金净值与模拟投资组合的收益缺口来估计基金经理的隐形交易行为。国内学者申宇、赵静梅等用这种方法发现了 2005 年 1 月至 2010 年 12 月之间这种现象在我国股票型开放式基金中的存在。

图 4-6　基金中的"隐形交易"存在吗？ ①

只要基金经理不公开自己的"独门秘籍"，我们也就难以得知隐形交易背后的真相。虽然有的隐形交易增厚基金的收益率，对基民来说是好事，但这种游走在信息披露"红线"

––––––––––

① 申宇，赵静梅，何欣.基金未公开的信息：隐形交易与投资业绩［J］.管理世界，2013（08）：53-66.

边界上的操作，干扰了基金市场信息披露的底层秩序，仍然存在违法违规的风险。

基金隐形交易中还有一种特殊的类别，我们称之为"季末拉业绩"现象。每当基金要披露定期报告之前，基金经理会悄悄地买入已经持仓的股票，通过操纵股价，来达到拉升基金净值的目的。中国、美国、澳大利亚、加拿大、韩国的很多文献中都找到了"季末拉业绩"在本国基金市场存在的证据。

"季末拉业绩"现象很可能源于基金经理日益升级的业绩压力。一个很有说服力的证据是，关键排名处（如前 1/3 位置和前 1/10 位置）的基金存在比其他基金更明显的拉业绩行为。基金经理虽然收入很高，但大头都是年终奖，而奖金高低则主要由基金业绩的相对排名决定。因为"金领"的吸引力，无数的天纵之才都跑步进入了基金界，让行业严重内卷。基金经理们为了一个好排名而使出浑身解数，在常规努力无法获得预期结果的时候，就很有可能走进隐秘的角落。

如果临时抱佛脚的结果只是让基金业绩更好看了那倒没什么，但这种被吹起来的业绩其实是不稳固的。与"季末拉业绩"被同时发现的还有"季初吐回去"现象，这很可能是由于基金经理把之前超额买入的股票又卖掉了。如果我们不幸在基金净值虚高的时候进场，无疑就掉在坑里了。

表 4-2　基金在季末的"拉业绩"现象 [①]

自变量	基金超额收益率		
	股票型基金	偏股混合型基金	所有样本基金
季末倒数第 3 天	9.3553*** （6.2330）	11.6467*** （17.5453）	10.9959*** （18.0989）
季末倒数第 2 天	3.5073** （2.3337）	1.8985*** （2.8430）	2.1709*** （3.5516）
季末倒数第 1 天	3.1695** （2.1225）	1.8902*** （2.8681）	2.0688*** （3.4293）
下季度初第 1 天	−6.0919*** （−4.2351）	−2.4446*** （−3.7427）	−3.0686*** （−5.1524）
下季度初第 2 天	−4.4379*** （−3.0844）	−16.3216*** （−24.9777）	−14.4607*** （−24.2515）
下季度初第 3 天	−5.9348*** （−4.1673）	−2.7991*** （−4.3194）	−3.3215*** （−5.6212）

注：李祥文、吴文锋统计了 2005—2016 年中国开放式股票型基金、偏股混合型基金的业绩数据后，发现在每季末的 3 个交易日又存在显著的业绩拉升现象，在随后季初的 3 个交易日又发生显著的反转（***、** 分别表示结论在 1% 和 5% 的置信区间内显著）。所有样本基金的超额收益率在季末 3 个交易日一共拉升了大约 15 个基点，在季初 3 个交易日一共回落了大约 20 个基点，这一套"拉升—反转"在年末年初体现得尤其突出。

我们可以相信，市场里绝大多数基金经理都依然秉持着为投资者赚钱的职业理想，而监管部门也会竭尽所能地维护

① 李祥文，吴文锋，基金业绩排名与期末业绩拉升［J］.管理世界，2018，34（09）：33-45+191.

市场的公义。但对于"韭菜"们来说,"学会怀疑"依旧是一件很重要的事情。投资者不要因为怕错怪别人而感到不好意思,总有人在惦记我们口袋里的财富,学会自我保护是必需的。光环和坦诚可能并非真相——在隐秘的角落里,有很多事情,基金经理都没有告诉投资者。

6. 基金的"净值"是真的吗?

按照基金募集的方式,投资者可以买到的基金又可以分为公募基金和私募基金两种类型。

顾名思义,公募基金是面向不特定的投资者公开募集的,投资者参与的资金门槛较低,发行后往往也会有很多投资者购买。为了保护中小投资者的利益,有关部门对于公募基金的监管非常严格,对基金信息披露、投资的品种和比例也有诸多的要求和限制。除此以外,公募基金收管理费是按照管理规模的一定比例计算的,与基金的盈利亏损关系不大,客观上降低了基金经理进行高风险操作的动机。

而私募基金则是通过非公开发售的方式,面向少数特定的投资者募集。与公募基金相比,私募基金不仅在信息披露、投资品种比例上的限制更宽松;作为管理人的基金公司也可以分享基金的超额业绩回报。

"放开手脚"加上"高额激励"的诱惑，让私募基金市场理所当然地成了"高人"聚集之地。很多私募基金的基金经理都曾经有在公募基金纵横江湖的光辉履历，再加上私募基金份额不多，投资者往往得通过"神秘"渠道才能买得到，这使得私募基金"不明觉厉"的光环更加明亮。

　　但在投资领域，好的题设和推导，一般都得不到最好的结局。现实总是发人深省的。

　　我们在本章开头提到过基金经理的"明星魔咒"，在私募领域会经常出现。一些在公募中稳扎稳打的方法，未必能适应私募里刺刀见红的套路。公募基金的绩效评价讲究"相对排名靠前就OK"，而在私募不论是从投资者收益预期还是管理人的激励机制来看，都是要求绝对收益的。投资者在开始时对"明星"的满满希望，很可能以失望告终。

　　除此之外，私募基金还有一类特别的风险，也需要我们高度重视。它们和近年来几个私募基金跑路的"奇案"有关。

　　2023年11月，一家名为杭州瑜瑶的量化私募基金被爆出现兑付违约的情况，坑了不少的投资机构。但也就是在这个月，该公司的一只私募产品，还在某私募实盘大赛中拿到了冠军。无独有偶，2024年5月，中国证监会对一家名为瑞丰达的私募基金立案调查，有投资者反映赎回资金未到账，公司人去楼空。可在网上查询其管理产品的信息时，也发现其净值曲线却极其优秀，"吊打"大盘。

私募基金公司良莠不齐可以理解，跑路的情况偶尔发生也算正常。但是让投资者最不能接受的事实是："既然业绩做得这么好，你跑啥啊……"当监管和媒体的介入把真相层层打开，人们怀疑的目光也逐渐向基金的"净值"聚焦。

基金"净值"，是指每一份基金的净价值。其计算公式是基金所持有的资产在某一特定时间点的总市值，扣除掉基金总负债后的价值，然后该数值除以基金的总份额。这个概念看起来朴实无华，到了私募基金这里，却深不可测。

不难看出，基金净值变化与基金所持有资产的价格波动有关。当基金选择持有的资产价格上涨时，基金净值就会上涨。投资者一般会认为其中有70%是上天的眷顾，30%是因为基金经理的专业能力。当我们足够信任某位基金经理，可能把"能力"的重要性放大到50%甚至70%。但如果说基金净值上涨百分之百是由基金经理的"超能力"带来的，所有人都会觉得这不靠谱。

可有时候这却是真的！因为基金经理可以操纵资产价格，进而操纵基金净值。

提及操纵资产价格，投资者很快会想到股票市场里的"坐庄"。"坐庄"的惯用手段是，"庄家"先大量买入某一只股票，把股票价格拉起来，再散播些消息、煽风造势，让"韭菜"

们集中进场接盘，"庄家"则在高位卖出获利。

客观来讲，想要在 A 股这样的大市场上"坐庄"还是挺不容易的。一是参与的交易者太多了，"庄家"想要带节奏需要大量的现金准备，一般还要跟上市公司、其他投资者合谋，不然半路杀出个程咬金，"庄"就做不成了；二是我国监管部门对操纵 A 股股价的行为一直是"零容忍"，一旦股价大幅波动，很快就把你盯上。

但有的市场——比如新三板，参与者少，资产流动性也很差，在这些市场里兴风作浪的难度就小多了。私募基金规模不大，信息披露要求和监管环境也比较宽松，就很喜欢打这些小市场的主意。

我们现在便来模拟一下，私募基金是如何利用小市场来操纵净值的。

假设某私募基金发行了 1000 万份 A 基金，募集了 1000 万元钱，买了 100 万股新三板公司 a 的股票，每股股价 10 元。这时每份 A 基金的净值是 1 元钱。由于新三板市场的流动性很差，公司 a 的股票平时压根没有人交易，A 基金买入的股票是卖不掉的，但价格会一直显示为每股 10 元。

不过，股票卖不掉并不影响基金经理赚钱。他只需要找两个小弟张三和李四，让张三买 1 手（1000 股）公司 a 的股票，然后转移以 20 元 / 股的价格卖给李四。交易系统就会记

录下这次交易的成交价格，并把新三板公司 a 的价格更新为
20 元。

仅仅 1 手交易，新三板公司 a 的股票价格就从每股 10 元，
变成了每股 20 元。涨幅高达 100%！而随着这 1 手"划时代"
的交易，每一份 A 基金的净值也变成了 2 元钱，A 基金的投
资者们也会发现自己在一夜之间挣了 1000 万元。

资本市场上少量资金形成的交易，就能够带动整个存量
资产市值的重大变化，这种"流量价格决定存量价值"的机
制，也正是资本市场的魔力所在。在交易清淡、缺少流动性
的市场中，资产市值不过是纸面富贵，但对于想要忽悠投资
者的坏基金经理，已经足够了。

只要不立即赎回基金，投资者并不会发现其中的猫腻，
关于基金净值是怎么来的，他们也许根本就看不到，或者看
不懂，或者不关心。

那么，投资者会不会赎回基金呢？ A 基金的基金经理大
可以赌上一把！——当基金净值噌噌上涨的时候，投资者怎
么会赎回基金呢？他们感谢基金经理都来不及呢！被"封神"
的基金经理可以轻而易举再发行 1 亿份 A-plus 基金募集 10
亿元钱，由于基金经理已经掌握了如此多的现金，这时连 A
基金的赎回风险，也没什么可怕的了。当 A 基金的投资者想
要赎回时，A-plus 基金可以想办法把 A 基金持有的公司 a 的

股票买走，相当于 A-plus 基金为 A 基金提供了流动性。

李四可以再把 1 手公司 a 股票以每股 30 元的价格卖给张三，张三李四之间的"对敲"交易也可以不断进行下去。新三板公司 a 的股票价格将节节攀升，A 基金的投资者也会从基金净值中感受到在财富自由之路上奔驰的快乐。

很多私募基金净值的"奇迹"，都源自其持有资产短期的"估值幻觉"。市场上的私募基金实在太多了，没有哪个监督机构能对这些资产估值的合理性一一检测。为了让"估值幻觉"更加逼真，有的私募基金还会采用基金嵌套大法，即通过投资于其他的私募基金来掩饰真相。普通投资者哪能发现，自己心中的金宝贝原来只是个俄罗斯套娃，最后一只套娃里面却藏了一只蝎子。

当时间足够长时，所有的"奇迹"就都变成了"断壁残垣"。

总结和启示

1. 买基金"追星"并不是明智之举，明星基金的业绩反转不仅仅有很多案例，甚至能够被统计分析所证明。当然，"垃圾"基金更不要买。

2. "有效市场假说"认为基金经理会输给靠扔飞镖选股的猴子，我们根本没必要选主动管理型基金。不过，"行为金融学"也非常给力，它认为市场是"非有效"的，优秀的基金经理能够战胜市场，不然也不会有那么多投资"传奇"诞生。

3. 评价以及选择一只基金要关注"收益"和"风险"两方面的信息，而我们总是容易忽略后者。理解夏普比率、晨星公司评级的含义有助于我们掌握投资平衡艺术的精要。

4. 如果基金业绩与基金销售员的提成没什么关系，那我们就有理由怀疑基金销售员有欺骗投资者的动机。买方投顾正是为了解决这个问题而诞生。

5. 只要存在"委托—代理"的关系，就会有代理人乱来的道德风险，基金也无法例外。所以，在看不清楚的时候多问问题，保持怀疑之心。

6. 私募基金净值造假的难度更小。如果买私募基金，要尽量搞清楚它持有的资产是什么。尤其要警惕新三板股票、高收益债、其他私募基金份额这种流动性差又不透明的种类。

第五章

另类投资篇:"潘多拉魔盒"里装着啥?

在本章中，我们将去发现投资江湖主流门派之外的世界。

一谈到"非主流"，投资者脑海中很快就蹦出"非标投资""另类投资"等词语，但又并不是很清楚它们是什么意思。所以，我们先来把最基本的概念解释一下。

"非标投资"的全称是"非标准化投资"。"非标准化"自然是和"标准化"相对应的，在资产管理行业，这个"标准化"的内涵指的是"标准化市场"——通常只有银行间市场和证券交易所市场才能够得上标准。按照这种理解，"非标投资"应该是指不在银行间市场和证券交易所市场上进行交易的投资行为。在多数资管专业人士口中，"非标投资"又专指"非标债权投资"。

对于普通投资者来说，"非标"的概念则有些许不同。除了常见的银行理财、股票、基金之外，投资者还会接触到像非上市股权、黄金、原油等大宗商品、艺术品乃至比特币等五花八门的投资品。这些非标准化投资通常被统称为"另类投资"。"另类投资"是一个约定俗成的说法，并没有什么官方定义。不难看出，投资者视角下的"另类投资"的范围要比资管行业视角下的"非标投资"更加宽泛一些。

"非标资产"以及绝大多数的"另类资产"，有一个共同特点就是没有活跃的交易市场。我们在第一章曾经提及过，投资者可以通过放弃一部分金融产品的流动性，以换取更高的投资收益率，"非标投资"和"另类投资"正是这样的情况。因为"非标资产""另类资产"的流动性比较差，它们的交易价格也欠公允，投资者看到的"市值"，很可能是由一两笔交易，甚至是内部交易决定的，同样地，投资者也很难按照"标价"把资产卖出去。

当然，还有一部分"另类资产"，也有比较活跃的交易市场和相对公允的价格，但在收益和风险特征上，却和银行理财、股票、传统基金不太一样。它们缺少作为交易价格基础的价值逻辑，资产值多少钱，往往是由交易本身决定的。这一类"另类资产"的代表包括黄金、大宗商品期货、比特币以及艺术品。

每一个"另类投资"品种都拥有其独特的金融资产属性，它们就像一个个神秘的"潘多拉魔盒"，诱惑着你打开，里面装的却未必都是好东西。在历史上，很多"另类投资"品种都有过自己的辉煌年代，在此过程中也聚集了一大批忠实的粉丝，但坐"过山车"的往往也是它们。投资者想要参与"另类投资"，需要拥有丰富的投资经验和强大的风险承受能力。总体来说，它并不太适合作为普通投资者的主要投资方式。

1. "一本万利"靠 PE？

PE 投资的全称是私募股权投资（Private Equity），其主要投资对象是非上市企业的股权。PE 被视为投资鄙视链的顶端，参与了不说一本万利，起码也有十倍百倍的回报。像"××公司上市，造就了 100 个千万富翁"这样的故事实在太多了，而几乎所有的首富，也都是靠市值加持才荣登宝座。

PE 收益率这么高，我们是不是又产生了"ALL IN"的原始冲动。好在我们现在已经读到本书的第五章了，已经快要告别"韭菜"的行列了。我们知道，在一个平衡的世界里，收益和风险一定是反向奔赴的。如果某项资产收益更高而风险更低，发现机会的投资者一定会把资产的价格买上去，收益率也就降下来了。

我们先来分析一下 PE 的高收益率是怎么来的。主要依靠：

（1）在企业发展早期阶段的高成长性。

（2）场内、场外市场之间的估值价差。

试想投资者在场外市场按照 10 倍的市盈率投资了一个

2000 万元利润的企业，该企业投资估值是 2000 万元 × 10 = 2 亿元。3 年之后该企业上市，经过几年的成长，企业利润变成了 8000 万元，而在 A 股市场上的市盈率变成了 30 倍，此时投资者可以按照 8000 万元 × 30 = 24 亿元的市值卖掉手中的股票。也就是说，投资者在这一笔 PE 投资中得到了 11 倍的回报。

这个回报率无疑听起来很诱人。但根据国际顶尖投资公司 Cambridge Associates（康桥汇世）的统计，全球私募基金指数 10 年期和 20 年期的平均回报率分别为 12% 和 15%。虽然这个数字已经不低，但和前面 11 倍的回报率还是有很大的差距。那么，15% 和 11 倍的差距是怎么来的呢？

其中的真相是，不是每一笔 PE 投资都能重复最美的故事，或者说，绝大多数都不行。PE 投资的高收益率的背面，伴随着的是高风险。

首先是早期企业的"高成长"可能是脆弱的。

一时高成长容易，一直高成长就难了。持续的高成长必须有坚实的商业逻辑，而现实是早期企业的高成长很可能只是因为基数小。几个大客户、几张大订单、几个大工程就足以让企业业绩在一两年内出现爆发式的增长，而至于产品和服务是否有持续的竞争力，就是另一个问题了。

由于缺乏在市场中摸爬滚打的经验，早期企业在面对市场的变化时往往会有些手足无措。统计数据显示，我国中小企业的平均寿命只有 3 年，但我们却用大量的时间陶醉在那些独角兽企业的愿景里，在对企业抗风险能力的理解上产生了"幸存者偏差"。

还有一个被称为"资本绑架"的问题也影响了企业发展的稳定性。被投资企业在刚刚获得资金时无疑是很开心的，但也许不久以后他们就要开始吐槽。很多投资机构为了获得更好的投资业绩，会要求被投资企业高速增长，甚至对企业的战略和经营决策指手画脚。在绝大多数投资协议中，投资机构都会加入"业绩对赌"条款，如果企业无法在规定时间内实现约定的利润，企业的实控人就要按照利润缺口乘以一定的倍数进行赔偿。

对于这些业绩目标，被投资企业在开始阶段往往不够重视，后来当完成目标很困难时，才发现自己被拿捏得死死的。在投资机构的怂恿下，也为了避免触发对赌，企业往往会采取一些非常激进的经营策略来冲业绩，比如过度使用商业信用或者签署一些不合适的订单，这本质上是在透支未来，对企业是有害的。投资行为本身可能增加投资风险，这是 PE 投资中的一个悖论。

说完了"高成长"，再来说一下场内、场外市场之间估值价差的问题。

企业的股权是可以交易的。它既可以通过谈判点对点地私下买卖，也可以在上交所、深交所、北交所这样的场所集中交易。我们通常把前者称为"场外市场"，把后者称为"场内市场"。场内市场和场外市场相比，最大的优势就是流动性更好——许许多多的买家卖家凑在一起，成交起来很快，价格也公允；而在场外市场，找个合适的交易对手就费劲了，有价无市是常态。而让企业股权进入场内市场交易的过程，就是我们常说的"上市"。

按照我们传统的价值观，企业家创办一家企业，"终极愿望"应该是做"百年老店"。但现在很多企业创始人却不这样想，他们的"终极愿望"就是让企业上市。因为一旦企业上市了，其价值决定机制就发生了变化，从"攒铜板"变成了"吹泡泡"。对于持有大量公司股权的创始人来说，这是一个巨大的诱惑。

企业估值是一门很有意思的学问，认为企业的内在价值取决于对未来愿景的"贴现"，而不是企业当下口袋里有多少现金、多少资产。这意味着只要故事讲得好，完全有可能"情人眼里出西施"，贵不贵不再是个问题。"未来决定现实"正是资本市场的魔力所在，但这个魔力只有在交易活跃、流动性好的市场里才能发挥最大的功效。说服一个人是很难的，但说服一大群人里的一小部分就容易多了。

当买卖需求能够被频繁、稳定地撮合满足时，价格也就能够被公众接受，具有了公允性。这时，每一分每一秒的交易行为就可以决定规模巨大的总市值。只要有一小部分人向上买进，就能带来总市值的巨大增长。我们可以管这个过程叫作"流量决定存量"。

"未来决定现实，流量决定存量"正是对 A 股市场中企业价值决定机制的描述。由于 A 股这个场内市场中，投资者尤其是散户投资者众多，市场的流动性很好，一家企业一旦在 A 股上市，企业价值就和上市前天差地别，实现"山鸡变凤凰"。A 股市场上一直有"壳公司"一说，这类公司的实际经营情况已经一塌糊涂了，甚至啥都没有，但依旧能有几十亿元的市值。这是因为这样的公司已经通过了上市的考验，拥有了在 A 股市场交易的权利，而这个权利本身就很值钱。

场内、场外市场之间的估值价差，造就了很多富翁和首富，也是 PE 投资最重要的利润之源。但上市之路，哪有那么容易。

投资银行业，尤其是其中的 IPO 业务，一直都被视为金融行业的金字塔尖，可见其技术含量之高、难度之大。在注册制之后，企业在 A 股上市的门槛有所降低，但"降低"并不代表"低"。中国资本市场发展了这么多年，上交所、深交所、北交所的上市公司加在一起不过 5000 多家，是 5000 万家企业总数的万分之一。2021 年、2022 年成功 IPO 的企业只有 400 多家，而这已经比前些年多很多了。

从个案来讲，如果投一家企业的股权，是奔着企业上市去的，那有 70% 以上的概率将要失望。如果企业无法上市，投资者想要把手中的股权卖掉，就得在场外市场"点对点"寻找买家，费死劲了。我们当然可以在投资协议中加入所谓的"上市对赌"条款，约定如果企业无法在规定期限内上市，企业老板就有义务回购股份。但企业在上市之前，老板其实是很穷的。

PE 投资最大的煎熬正是"退出"难题。就好像我们骑上了一匹马，马跑不到终点我们就很难下来，但终点在哪，有多远？实际也没人知道。而路途中不管马是不是颠屁股，风餐露宿是不是太寒冷，我们都得忍着，只能往前跑。

还有一些时候，被投企业的确上市了，却又出现了场内、场外价格倒挂的情况，即股权在点对点交易的场外市场的价格比在集中交易的场内市场还要高。这种情况在近年来比较常见，主要是因为 PE 投资圈僧多粥少，好项目被哄抢导致价格虚高，另一头 A 股市场也不怎么景气。股权在场内、场外的价差缩小，压缩了 PE 投资的利润空间，导致的结果是，投资者折腾了一大圈，发现投股权还不如直接买股票。

在实行注册制后，A 股市场将走向"宽进宽出"，做好信息披露，尊重投资者群体的"用脚投票"和自然选择。那些不怎么样的股票也将很难卖出，失去流动性也就失去了维持价差的基础，对于那些难以得到关注的边缘企业，由于没有价差，上不上市，区别也就不大了。

到此刻为止，我们已经了解到 PE 投资中那些潜在的问题。投资者准备投资时就应当预见到：辛苦陪跑 10 年，最后南柯一梦，这样的遗憾可能会反复发生。

为了避免 PE 投资的个体风险，也可以采取买股权投资基金的方式进行间接投资，这种方式虽然不能完全解决投资期限长、退出难、不确定性高的问题，但总体来说仍是一个更好的选择。由于基金会投资多个 PE 项目，投资者也可以在基金层面获得接近于股权投资领域平均水平的收益率，并降低波动。同时，因为基金规模比较大，在市场上更有话语权，又有专业人士打理，可能得到一些普通投资者拿不到的好机会。

除了 PE，常见的股权投资形式还有 VC，其全称是创业投资（Venture Capital）。VC 和 PE 的交易方式、所面临的风险都是相似的，只不过 VC 阶段更早，企业的成长空间更大，"挂掉"或上不了市的风险也更高。如果企业刚刚建立，一无所有时投资者就"VC"了，这时的 VC 又称为"天使投资"，意思是在企业眼里投资者就像天使一样可爱和无私。

2. 买黄金保不保值?

2020 年之后，在年轻人中间开始流行一种新的投资方式——攒"金豆豆"。

这个"金豆豆"，指的是重量在 1 克左右的黄金制品，也属于实物黄金投资的一种。只是相比金条、金饰等大金件，它的投资门槛更低，只需要几百元就能入手，比较适合年轻人余钱不多的情况。

"金豆豆"的流行跟近年来国际黄金价格快速上涨有关，也在一定程度上因为无风险利率下行让投资者资产保值的压力增加了。当然，喜欢黄金的并不仅仅是年轻人，中国人对黄金的热爱仿佛浑然天成。除了年轻人，长辈们也很有热情，这里还有一个"中国大妈战胜华尔街"的传奇故事。

2013 年 4 月，华尔街的顶级投行高盛突然高调地发布了一篇看空黄金的报告，引发机构抛售和黄金价格暴跌。不料半路杀出了一大群"中国大妈"，不论华尔街卖出多少黄金，大妈们照单全收，据说到最后有高达 300 吨黄金被扫货，让整个华尔街为之震动。最后，被黄金价格打脸的高盛提出暂停做空；《华尔街日报》甚至专门创造了"DAMA"一词关注中国大妈不容小觑的黄金购买力。

　　投资者为什么对黄金情有独钟？这当然不只是因为黄金颜值高，最主要的原因还是黄金很"内秀"。在各种各样的史书、小说、电视剧里，黄金无一例外都是财富的象征，具有无可替代的保值属性。那么，我们有没有想过，作为自然界的一种金属，黄金是怎样一步步变成了人们心中的价值图腾呢？

　　地球上的金元素原本只在地核中存在，大约在 26 亿年前金元素慢慢到达地幔，再由火山喷发等形式来到地壳，在漫长的地质时代中活化、迁移、富集，形成原生金矿，最后被开采出来，加工后才变成黄金。所以，黄金的确来之不易，非常稀缺。除此以外，黄金还具有质地柔软、抗腐蚀性好的特点，使之便于切割和储藏。这些物理属性使得黄金很容易成为交易媒介和支付工具，也就是我们常说的"一般等价物"。

　　成为一般等价物意味着黄金可以方便地兑换成多种商品，而它的稀缺性也决定了其兑换能力的稳定，这也是黄金能够保值的基础。

　　但真正"神格化"黄金保值功能的还是信用货币的诞生。让人想不到的是，在此过程中起关键作用的竟然是大物理学家牛顿。1717 年，牛顿在担任英国铸币局局长期间，将每盎司黄金的价格固定在 3 英镑 17 先令 10.5 便士，这是近代金本位制度的雏形。1816 年，英国通过了《金本位制度法案》，从法律的形式承认了黄金作为价值基础来发行纸币。

二战后，美国依靠其强大的经济影响力主导建立了布雷顿森林体系。布雷顿森林体系的核心内容是"美元与黄金挂钩，其他国家货币与美元挂钩"，即美国规定黄金的官方兑价是 35 美元一盎司，其他各国政府在此基础上规定各国货币的含金量以及兑美元汇率。从此以后，黄金和货币信用的关系成为全球性的法定规则，也让黄金的保值属性达到了顶峰。

20 世纪 70 年代，欧洲、日本崛起，多极化的全球经济格局让布雷顿森林体系最终走向崩溃。虽然黄金不再被视为"价值之锚"，但黄金的有限产量和货币的无限发行之间的尖锐矛盾，客观上却进一步强化了黄金保值的效果。布雷顿森林体系瓦解之后，黄金价格很快从每盎司 35 美元上涨至每盎司 100 美元以上，其根本原因都是人们觉得美国为了应对困境发行了太多美元，票子变得"毛"了。

从那以后，黄金和美元指数的负相关性也成了一种新的经济现象。黄金成为美元信用或者说是美国国家信用的对价。当美国经济遭遇困境，狂开印钞机的时候，黄金价格就会上涨。反之，当美国经济强劲，或者收缩流动性的时候，金价就会下降。

对于普通人来说，黄金并非一直都是合适的投资品。比如在美国，1975 年之前有长达 40 年的黄金禁令，居民不能持有黄金，更不能买卖黄金。新中国在成立后不久就冻结民间金银买卖，明确规定国内的金银买卖统一由中国人民银行经营管理。直到 2002 年 10 月上海黄金交易所开业，黄金投资才开始进入大众视野。

虽然可以投资黄金的时间并不长，但老百姓心中对黄金保值的笃信与生俱来。大家在心底里觉得，天灾人祸发生的时候，啥承诺都不可靠，还是买点黄金压箱底踏实。如果金价便宜，那就更是抄底的好机会了。

但黄金真的是一项好投资吗？数据给出了我们意想不到的答案。

美国金融学教授杰里米·西格尔写过一本书叫作《股市长线法宝》，其中做了一个有趣的假设。如果有人在 1802 年开始投资黄金，那么在 1802 年到 1990 年的 188 年里，这笔投资在扣除通货膨胀因素之后，所取得的投资收益率将是 42%。考虑到 188 年这样一个漫长的时间段，这其实是一个很差的成绩了。

我们再来看近一点的情况。1990 年至今，伦敦黄金现货的名义价格从每盎司 400 美元上涨到每盎司 2000 美元，看起来增长了 4 倍，但摊薄到 30 年里年化收益率才不过 5%，只能勉强起到抗通胀的作用。对比一下一直恨铁不成钢的 A 股，1991 年至今的年化收益率也有 11%（上证综指），比黄金要强多了。

投资者把黄金视为抗通胀的"神器"，但它似乎也只能抗个通胀。

此外，买黄金看似保值，但其实价值波动却是非常剧烈的，投资者经常会被黄金市场洗劫。前面提到的"中国大妈"的故事其实还有下半场——"大妈们"的扫货让华尔街投行改变了观点，却没能阻止金价下跌。2013 年 4~6 月，伦敦现货黄金指数从每盎司 1550 美元下探到了 1200 美元，进场抄底的"中国大妈"都被深套了。直到 2020 年，她们才从"套"中解出来。

关于黄金投资的未来，情况还要更加扑朔迷离。过去，黄金有一般等价物、避险和财富贮藏多种功能，但现在它在这些领域里的江湖地位已经岌岌可危。黄金作为交易媒介和价值尺度的功能已几乎被美元等国家信用货币所取代；而在不动产、股票乃至比特币等新兴资产的冲击下，黄金价值贮藏属性也在不断减弱。当黄金逐渐奢侈品化，一盎司黄金究竟应该值多少钱？将是一个越来越难以回答的问题。这也意味着黄金投资风险的增加。

当然，如果投资者还是想买一些黄金，至少要慎重考虑一下"金豆豆"。像"金豆豆"这样的实物黄金资产，虽然摆在桌上很好看，充满了沉甸甸的财富诱惑；但除了纯度难以保证，买卖过程中的交易成本比较高以外，还有掉在沙发缝里的风险。比较靠谱的投资方式是到银行去买"纸黄金","纸黄金"作为一种可随时通兑黄金的合约,相当于银行在卖给你黄金之后,还帮你把黄金保存起来,而且投资者也不必担心银行会"缺斤短两"。还有一种更简单的黄金投资方法是开个证券账户,到市场上去买"黄金 ETF",它的净值变动与现货黄金价格几乎是同步的。

3. 原油期货能跌成"负数"吗?

2020 年 4 月 20 日,对于投资了一款名为"原油宝"的金融产品的人来说,是一个夜不能寐的日子。

与"纸黄金"类似,"原油宝"实际上就是银行发行的一款挂钩国际原油期货价格的"纸原油",如果国际原油市场出现波动,"原油宝"的投资者也会面临盈利或者亏损。虽然有了亏钱的心理准备,但这一夜的情况还是出乎所有人的预料,投资者一觉醒来,发现不仅自己在"原油宝"账户中的钱全部亏光,还欠下了一大笔债务。

在探究背后的原因时,更加匪夷所思的现象出现了。4 月 20 日晚上国际原油市场的走势绝对称得上"拍案惊奇",芝加哥商品交易 WTI 5 月期货合约价格报收 –37.63 美元/桶。是的,你没有看错,是"–37.63 美元 / 桶"。

从字面含义理解，这时如果我们想卖一桶油给其他人，还得倒贴 37.63 美元。要理解为什么会出现"贴钱"卖油的盛况，还是要先明白商品期货投资的原理。

商品期货从形式上看是一纸"远期合约"，合约约定了买卖双方在未来特定时点的交易规则。在一笔期货交易中会产生"多头"和"空头"。"多头"需要在未来的特定时间以特定价格买入特定数量的大宗商品，"空头"则正好相反，需要在未来的特定时间以特定价格卖出特定数量的大宗商品。很显然，期货中"多头"和"空头"合约的持仓量和交易量是完全对称的，有了"多头"，就一定会有作为交易对手的"空头"。从本质上理解，商品期货是在大宗商品交易过程中衍生出来的权利义务关系，因此也被称为"金融衍生品"的一种。

商品期货被创造出来的初衷是用于企业生产经营活动中的"套期保值"。比如，企业担心未来原材料价格会上涨，就可以在原材料市场上建立"多头"的头寸，如果将来原材料价格真的上涨了，虽然经营成本上升无法避免，企业却能够在期货市场上获利进行"对冲"。通过这种操作，实际上是提前"锁定"了原材料的买入价格，起到了平滑利润的作用。

但不论初衷是什么，凡是有价格波动的地方，就是投资者的江湖。在期货市场中奋斗的多数人，并不是为了"套期保值"，而是为了投资获益。在期货交易中，有"多头"就有

第五章 另类投资篇："潘多拉魔盒"里装着啥？

"空头"，"多头"赚了钱"空头"就要亏钱，所以期货投资又被视为"零和博弈"，也因此被打上了"投机"烙印。

期货投资的投机属性强，专业程度也较高，不是三言两语就能说明白的。但有几个关键点还是要在这里提示一下。

一是虽然期货市场上绝大多数参与者都会在期货合约到期之前反向交易，了结持有的交易头寸；但仍会有不少期货合约有意无意地被持有到期，并可能导致"实物交割"的发生。

作为个人投资者，我们倒不用担心会突然有一艘邮轮给我们送几万桶油来。世界各地交易所一般都不允许个人参与实物交割，个人的到期头寸会直接被"强制平仓"以现金结算。但如果是企业或者机构，就会有"实物交割"的问题了。"实物交割"远比期货交易麻烦得多，违约导致的损失，也是需要由责任方承担的。

二是期货投资者的投资本金实际上只是一个"保证金"的概念，天然具有高杠杆的特点在里面。

以 WTI 原油期货为例，交易所规定投资者只需要支付总合同金额 5% 的保证金，这也意味着 WTI 原油期货的投资者可以控制相当于其投资额 20 倍的原油头寸。当原油价格下跌（上涨），期货公司觉得这点保证金将不足以覆盖期货合约项下的多头（空头）亏损时，期货公司就会让投资者追加保证金。如果投资者山穷水尽，无法再追加保证金时，期货公司就会启动"强制平仓"程序，用保证金抵扣合约亏损。

在一些特殊的时期，大宗商品价格会出现剧烈的波动，期货公司的"强制平仓"不够及时，就会发生保证金不足以抵亏的"穿仓"现象。"穿仓"意味着投资者不仅血本无归，还极可能会欠下债务。

现在我们应该知道 WTI 原油期货合约的"负价格"现象，以及"原油宝"事件背后的原因了。

2020 年正值新冠疫情在全球蔓延的高峰期，经济疲软导致原油需求严重不足，而沙特与俄罗斯之间原油贸易战促使原油供给不降反增，供求矛盾使得原油价格本来就很低迷。"实物交割"的困境则成了原油期货价格崩盘的导火索。

WTI 原油期货的交割地点位于美国中西部俄克拉荷马州的库欣镇，4 月时市场就已经预期到下个月这个地方的原油仓库将不太够用，一旦进行实物交割，可能会产生极其高昂的交易成本。为了避免交割的麻烦，没有接货能力的"多头"只好拼命平仓，哪怕是"贴钱"也在所不惜。

4 月 20 日是 WTI 5 月期货合约最后一个交易日，"多头"的抛售狂潮也达到顶峰。原油期货价格在当天夜间狂泻 300%，最终以"−37.63 美元 / 桶"的史诗级价格报收。不论是投资者还是期货公司都没有见过这样的阵仗，"穿仓"的警报此起彼伏，挂钩期货价格的"原油宝"自然也难以幸免。

血淋淋的教训在前，告诉我们在商品期货等"金融衍生品"面前一定要非常谨慎。无疑它们属于所有资产种类中风险最高的一档。大宗商品价格的涨跌，本来就容易受到"黑天鹅"事件的影响，而商品期货高杠杆的特点，则会把价格波动放大到投资者难以承受的地步。

4. 比特币是"泡沫之王"吗?

10 年前的我们谁也想不到，比特币这种虚拟货币竟然能向全球货币体系发起挑战。但它的开端，却显得稀松平常。

时间回到 2010 年 5 月 22 日，美国一个小程序员汉耶兹做了一个无足轻重的决定，他要支付 1 万枚比特币用来买两个"棒约翰"比萨。3 天后，密码学爱好者斯图迪凡特花了25 美元购买了两份比萨寄给了汉耶兹，获得了 1 万枚比特币。

没有人想到如今 5 月 22 日这一天已经成了一个叫作"比特币披萨日"的节日，用来纪念这样一个"愚蠢的决定"。2013 年之后，1 枚比特币的成交价已经高达 3 万美元，也就是说，1 万枚比特币的市值是 3 亿美元。而这还不是比特币最值钱的时候。

比特币的价值让很多人都感到匪夷所思。在传统的资产定价理论中，资产的价值其实是由资产未来可以带来的收益决定的。股票价格会上涨，是因为股票代表着一定的企业份额，我们觉得企业会发展得越来越好，企业的利润和分红都会增长；债券价格会上涨，是因为投资者觉得未来利率会下降，而现在买债券则可以获得稳定的票息收益。这些看涨的预期，最终会决定投资者的购买行为并带来资产价格上涨的结果。

对比特币来说，未来不会带来任何确定性的收益，投资者想要获利，只能寄希望于以更高的价格把比特币卖给下家。传统的资产定价理论在比特币身上是失灵的。

资产的价值完全由交易决定，我们在艺术品市场中也能看到这种情况。一幅画、一个花瓶、一块玉石究竟应该值多少钱，这个问题根本没有人能答得上来。它们之所以值钱，完全是因为存在一个交易市场，有人愿意为它们一掷千金。

比特币让我们看到了"数字资产"，以及其背后独特资产定价体系的崛起。"区块链""非同质化通证（NFT）"等技术，使得一个图像、一个视频，甚至是一串代码都可以被打上独一无二的标签，并在一个虚拟的市场环境中进行交易，再因为交易而产生价值。有一个被命名为"无聊猿"的NFT网红资产，其实就是一张由10000只形态各异的猿猴组成的图片，这个看上去毫无意义的存在，成交价在高峰期一度超过 40 万美元。

全球最大加密数字藏品市场 OpenSea 在 2017 年成立，主要售卖数字艺术品、加密收藏品、游戏物品和其他建立在以太坊标准上的数字资产，依靠收取交易费来盈利。在 OpenSea 的 C 轮融资后，它的估值已达 133 亿美元。这可以视为投资人对 OpenSea 作为一个价值创造市场的高度认同。

我们甚至不能说这一类虚拟资产的价格存在"泡沫"，因为价格本身就是"泡沫"。投资者看上的就是"泡沫"。

在传统投资理论的框架下这很难被接受，关于比特币的"仙魔之辩"从来都没有停止过。2020 年，软银集团创始人孙正义谈及自己对比特币的看法，表示比特币的波动性太大，自己无法理解。据《华尔街日报》估计，孙正义在 2017 年比特币牛市顶点投资了比特币，并在 2018 年初将其出售，损失超过了 1.3 亿美元。而绝大多数投资界大佬对比特币都不屑一顾。微软前总裁比尔·盖茨曾预测比特币的单价将跌至 0 美元，"投资之神"巴菲特和他的伙伴芒格更是将比特币比喻为"老鼠药"和"老鼠药的平方"。

为了让比特币投资逻辑看起来更靠谱一点，人们也曾绞尽脑汁讲各种故事。有人试图用黄金来和比特币做比较，乍一看觉得比特币和黄金之间还真有不少相似之处。一方面，比特币和黄金一样具有稀缺性——基于特定的算法，比特币的数量上限已经被锁定为 2100 万枚，产量在不断衰减；另一方面，比特币与美元的交易市场已经比较成熟，那么比特币是否可以像黄金一样成为公认的价值贮藏手段，甚至在一些国家和地区成为"一般等价物"？

但比特币想真正成为"虚拟黄金"依旧面临巨大挑战，有一些鸿沟天堑很难逾越。黄金成为交易媒介、价值符号和贮藏手段经历了几千年的进化和积累，人们对于黄金的信仰不是比特币在短短几十年里所能够企及的。比特币能作为"避险资产"也有很多问题，它从 6 万美元跌到 3 万美元可是一点道理也不讲呢！虚拟世界天然让人没有安全感，很难想象当战火发生、社会动荡或是经济危机时，我们会去考虑通过买几个比特币去规避风险。而比特币是否能真正成为一种货币进入交易体系？没有哪一个主权国家愿意看到这样的事情发生。

但就在人们的质疑声中，全世界已经用其千分之五的能源"挖"出来了近 1900 万枚比特币，并造就了一个总市值超过 6000 亿美元的庞大市场，这堪称 21 世纪最为魔幻的现实。我们突然想起了鲁迅先生的一句名言：世界上本没有路，走的人多了，也就成了路。

十几年的时间还不足以让我们看清楚比特币的命运，终极答案也许会在未来的某一个时刻给出。但现在，比特币还是一项纯粹的赌博游戏。它只有模糊不清的投资逻辑，我们无从知道它能让我们挣多少钱，也无从知道它能让我们亏多少钱。比特币不是一个我们可以分析的对象，也不是一个普通投资者应该涉猎的范围。

那位曾经用 1 万枚比特币换两个比萨的程序员汉耶兹，后来又用所有的比特币换了一台新电脑。如今，他依旧是佛罗里达州在线零售公司的一名程序员。让他好受一点的消息是，那个挣了他 1 万枚比特币的斯图迪凡特也没有成为亿万富翁，斯图迪凡特在这些比特币上涨 10 倍之后出售了它们，并获利 400 美元。

再多的尴尬故事也无法阻止比特币成为这个世纪最为宏大的价值潮涌——也可能是价值骗局。而比特币的创始人中本聪，依旧是这个星球上最神秘的人物之一。

5. REITs 是何方神圣？

2021 年下半年，市场上出现一种名为 REITs 的，可以像股票、ETF 基金一样买卖的金融产品。很多人还没搞清楚这些 REIT 是何方神圣，它们就一骑绝尘把挣扎的大盘指数甩了好远。

至 2021 年底时，可以在市场上公开交易的 REITs 不过才 9 只，却有 8 只已较发行价上涨了一截。反映 REITs 整体表现的中证 REITs 全收益指数年内涨幅为 11%，别忘了这是在 3 个月里实现的，而同期沪深 300 指数的涨幅只有 1.52%。REITs 以完美的姿态宣告了它是衔着金钥匙诞生的。

等错过第一波机会了我们才幡然醒悟，开始掀起一场研究 REITs、投资 REITs 的热潮。结果就像在股票、基金市场已经演绎过无数次的剧情一样，REITs 受关注的峰值也成了其价格的峰值，一拥而入的投资者开始了漫长的站岗岁月。

这个已经坐了快两年的过山车的 REITs，很值得投资者打开一看。

REITs 的全称是不动产投资信托基金（Real Estate Investment Trust），顾名思义，它是一种专注于不动产投资的基金。REITs 可以定向或者公开募集，募集资金后再投资于包括住宅公寓、零售物业、仓储物流在内的不动产，并按照约定将投资收益分配给投资者。

不动产作为一个特别的投资品类，也能通过出租、运营等方式产生收益，不仅稳定，有时收益率还不低。但普通人投资不动产的最大障碍在于，它的投资门槛实在太高了。那些住宅、商铺、仓库，交易价格动辄百万千万元，普通投资者兜里就几万元钱该怎么整。而像高速公路、港口、物流中心这样的大型基础设施投资，更是让人望而却步。

REITs 最大的意义就是给不动产投资降门槛。它可以把不动产的产权、收益权进行证券化拆分，就算几万元钱也能享受到不动产投资的收益。

在海外，REITs 市场的规模巨大。截至 2020 年末，美国上市 REITs 的市值超过 1.2 万亿美元；亚洲 REITs 市场规模最大的国家是日本，总市值也有 1300 多亿美元。我国 REITs 起步较晚，2014 年才出现了第一只类 REITs 产品①。2020 年 4 月，证监会、国家发展改革委发布《关于推进基础设施领域不动产投资信托基金（REITs）试点相关工作的通知》，直到 2021 年 6 月首批 9 只 REITs 才登陆沪深交易所，标志着我国正式进入公募 REITs 时代。

REITs 本质上只是一层交易结构，收益和风险主要取决于底层资产。像物流园、商场、自来水厂、高速公路收费权等也可以作为 REITs 的底层资产，其共同特征是能够产生可持续的收益。而且，REITs 对于底层资产的收益的分红是强制性的，通常不低于 90%。

---

① 2014 年设立的中信启航专项资产管理是我国第一只类 REITs 产品，但此类产品在设计、发行、流动性、投资回报等诸多方面均与海外标准化 REITs 产品存在一定差异。

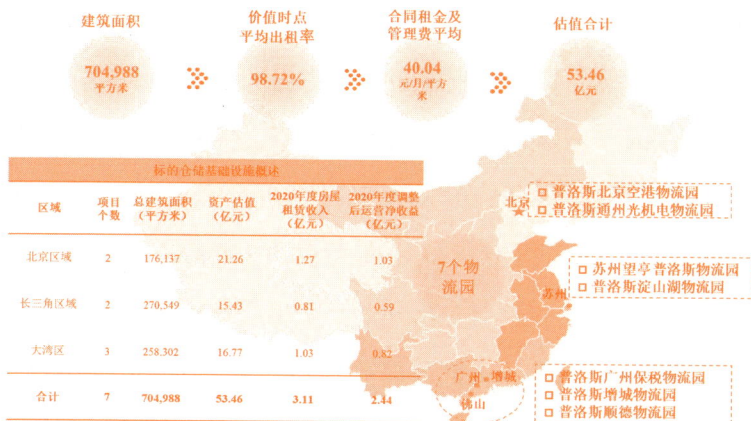

建筑面积	价值时点平均出租率	合同租金及管理费平均	估值合计
704,988 平方米	98.72%	40.04 元/月/平方米	53.46 亿元

标的仓储基础设施概述

区域	项目个数	总建筑面积（平方米）	资产估值（亿元）	2020年度房屋租赁收入（亿元）	2020年度调整后运营净收益（亿元）
北京区域	2	176,137	21.26	1.27	1.03
长三角区域	2	270,549	15.43	0.81	0.59
大湾区	3	258.302	16.77	1.03	0.82
合计	7	704,988	53.46	3.11	2.44

- 普洛斯北京空港物流园
- 普洛斯通州光机电物流园
- 苏州望亭普洛斯物流园
- 普洛斯淀山湖物流园
- 普洛斯广州保税物流园
- 普洛斯增城物流园
- 普洛斯顺德物流园

7个物流园

北京　苏州　广州·增城　佛山

注：根据中金普洛斯 REIT 招募说明书的披露，它的底层资产分布于京津冀、长三角、大湾区的 7 个仓储物流园，合计面积 70 万平方米，每平方米每月能收取约 40 元的租金及管理费，物流园的平均出租率能达到 98% 以上。每年能贡献 3 亿元以上的租金收入。

图 5-1　中金普洛斯 REIT 的底层资产[①]

持续收益加上强制性的分红，使得 REITs 具备了一定的固定收益的属性。如中金普洛斯 REIT，发行时就预测自己 2021 年、2022 年的分红金额在 2.5 亿元左右，按照 58 亿元的首次发行规模，对应的分红率（分红金额/价格）约为 4.4%。除了定期分红，公募 REITs 也可以在二级市场交易，价格在不断变化，因此 REITs 投资者也有机会享受到价差收益。与可转债和高股息股票类似，REITs 也是一种具有"股债二重性"

---

① 资料来源：中金普洛斯 REIT 招募说明书。

的资产。

拿 REITs 的分红无疑是一种很省心的投资方式，但从历史经验来看，在 REITs 的收益率构成中，价格上涨带来的资本利得同样重要。近 10 年美国 REITs 复合年化收益率大概为 9%，但复合派息率只有 4.5% 左右，也就是说资本利得贡献了差不多一半。这时就出现了一个很有意思的问题——既然基础资产收益的绝大部分都被分红分掉了，也就是说并没有在 REITs 中积累下来，那么 REITs 价格为什么还能持续上涨呢？

比较合理的解释有两个方面，一是投资者预期底层资产的租金会逐渐上涨；二是投资者预期未来的市场利率将下行，而现在买 REITs 则可以锁定收益。这些预期使得投资者看涨 REITs，并最终买入。不过，不论是租金上涨还是利率下行，都不是一下子形成的，如果 REITs 价格短期上涨太快，超出了合理解释的范围，就会形成价格和价值的偏离。

在了解了 REITs 资产特点之后，我们就可以总结出 REITs 投资的风险所在了。

首先，REITs 价格的泡沫破裂会带来一定冲击。REITs 上市的时候，发行人都会请一家评估机构来给 REITs 所购买的基础资产做个估值。我们用 REITs 总市值除以估值就得到了一个"折溢价率"，可以用来大致衡量泡沫的程度。

2022 年 3 月，公募 REITs 的溢价率水平普遍都在 25% 以上，溢价率最高的富国首创水务 REIT 一度达到了 98%。与此对应的是 REITs 的分红率（分红金额 / 价格）不断创下新低，基本跌到了 3% 以下。有多只 REITs 甚至自发公告提醒投资者基金价格超涨，此时 REITs 的投资风险已经是一张明牌了。

果不其然，未来的几个月里 REITs 经历了一轮大幅的回调，中证 REITs 全收益指数的跌幅一度达到 15%。这种现象在海外市场早有前车之鉴，1974 年和 2008 年，美国 REITs 的价格波动分别给投资者造成了 –49% 和 –41% 的损失。

其次，市场环境对底层资产质量的冲击会给 REITs 价值带来根本性的打击。进入"后疫情"时代后，市场已经给我们好好上了一课了。

与 2022 年上半年 REITs 价格的短暂回调相比，10 月以后才是真正意义上的冬天。一年之后上市公募 REITs 的数量已经增长到 29 家，价格却基本上已经跌破发行价。其间，中证 REITs 全收益指数的最大回撤超过 25%，有的 REIT 甚至被"腰斩"。

与涨多了之后的回调不同，这一轮下跌的原因直接关系到 REITs 的终极风险——REITs 底层资产收益率的可持续性。

注：2022 年 2 月建信中关村 REIT 净值触及 5.248 的高点后，2024 年初已跌至 2.0 以下。

图 5-2　建信中关村 REIT 价格"腰斩"[①]

　　以建信中关村 REIT 为例，其底层资产是北京中关村软件园的写字楼的租金收益权，2022 年上半年这些写字楼的出租率还有 96%，年底时已经下降至 81%，到 2023 年 8 月又进一步下降到 67%。出现同样情况的还有华安张江 REIT，2022年上半年其底层资产还是满租状态，一年之后出租率已经跌到七成。出现这种情况，互联网、软件行业遇冷是宏观原因，但作为国内顶流的产业园区，大面积的退租却是投资者始料未及的。

---

① 数据来源：WIND 金融终端。

物业出租率的下降必然会导致 REITs 给投资者分红的下降。2023 年上半年建信中关村 REIT 可以用于分红的金额只有 4477 万元，对标 2022 年同期的 7793 万元下降了 43%。这大大降低了 REITs 产品对投资者的吸引力，对 REITs 价格形成压力。投资者对 REITs 底层资产稳定收益的惯性思维被打破。

随着 REITs 价格的不断探底，也有人开始关注 REITs 投资价值的复苏，因为在分红率的计算公式中，分母正是 REITs 价格，如果分母下降了，分红率就提高了。但要注意的是，这种分析很可能存在"时间错位"的问题。比如，2022 年建信中关村 REIT 每 1 份基金的分红是 0.144 元，按 2023 年 10 月 2.7 元的价格折算，投资该 REIT 尚有超过 5% 的分红率，但实际上 2022 年的分红水平是很难在 2023 年维持的，大概率分红率会下降。

相对于已经有 30 年历史的中国股票市场，刚满两岁的公募 REITs 无疑还很年轻。但即使时间很短，REITs 也先后遭遇了泡沫破灭的阵痛和不动产的寒冬，经历已不可谓不丰富。从海外经验和房地产业演变的趋势来看，REITs 注定会成为投资者资产组合中的重要组成部分，只有尽可能了解 REITs 的收益和风险，才能做好准备，接住它的馈赠。

6. "打新"值得花功夫吗?

"打新"一直是一种比较特别的投资方式。虽然"打新"的交易对象也是股票①,底层投资逻辑却和在二级市场上买股票不太相同。

"打新"的收益主要源自股票在一、二级市场上的估值差。从 A 股的历史经验来看,新股上市后的前几个交易日股价一般都会大幅上涨。在沪深主板上市的新股首日最高涨幅不超过 44%,但多半都会涨停;科创板、创业板上市前 5 个交易日不设置涨跌幅限制,当天就翻倍的新股也不是没有。所以,一旦买到了新股,绝对收益就会非常可观。

同时,投资者参与"打新"似乎并没有什么难度。早些年"打新"需要预缴款,2016 年后这个机制也取消了,改为确定买到新股——俗称"中签"之后再打钱。这样,"打新"的全过程无非就是打开炒股 APP 按两下"申购"键而已。

这好像是个"白嫖"的机会啊。那么,"打新"是否真是给投资者的免费午餐,中间有没有什么我们看不到的陷阱呢?

陷阱倒是算不上,但的确有一些事项是需要提醒大家注

---

① 现在可转债也可以"打新"。

意的。

首先，"打新"中签后自然很高兴，但中签的概率实在是太低了。上市公司 IPO 时发售的新股数量是很有限的，但因为门槛低，参与"打新"的人非常多，分子小、分母大，中签的概率就低了。现在除非是一些超级巨无霸企业上市，普通投资者的中签率已经很少有能超过 0.05% 的，在创业板更是只有平均 0.03% 不到。这意味着 1 万人里只有三至五个幸运儿，新股"中签"真就跟中彩票一样。

其次，我们每个人能申购新股的限额是被锁定的。根据交易所的规定，新股的申购额度上限是不超过新股数量的 0.1%。也就是说，如果 1 只新股发行数量是 1000 万股，那么一个人的顶格申购数量是 1 万股。

中签率极低而申购数量有限，这说明"打新"从本性上就是一件飘忽不定、很不靠谱的事情，说它是一项投资都有点勉强了，靠"打新"一夜暴富更不可能。

尽管如此，还是有人非常执着，搞出了所谓的"打新"策略。这个策略假设只要我们有"铁杵磨成针"的决心，一次没中签就继续下一次，当次数够多时，我们就能够获得一个大数定律下的收益率。听起来很有道理，现在让我们来模拟计算一下这个收益率有多高。

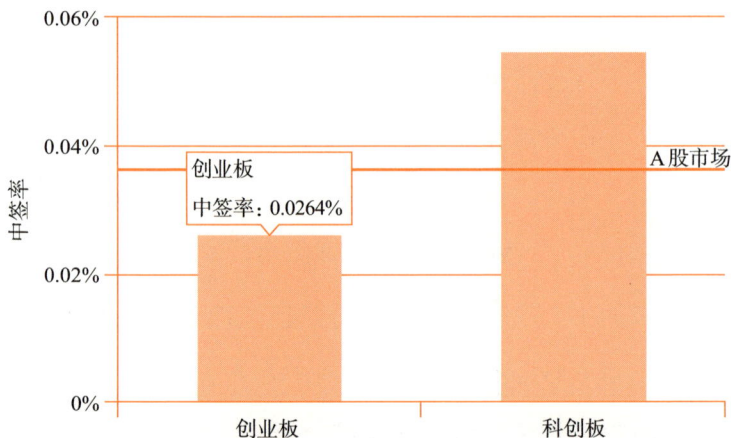

注：到 2023 年 6 月时，A 股市场的新股中签率已经跌破万分之四，创业板则接近万分之二点五的水平。这让"打新"变成了一项靠运气的投资。

图 5-3 "打新"的中签率极低 [①]

前面提到过"打新"的平均中签率大约是 0.03%，即打新 1 万次中 3 次。假设 1 年里沪深两市上市的新股大约是 250 只，如果申购 1 万股的话，那相当于我们在不同市场的新股发行时有 20 次抽签的机会，250 只新股意味着 5000 次抽签机会，按 0.03% 的概率四舍五入就是差不多 1 年中 1.5 签。

中签后，我们将从新股上市后的大涨中获得收益，这个收益的绝对值根据新股情况和发行方案的不同也会有较大区别。取一个中位数，大约每中 1 签获利 2 万元。1 年中 1.5 签，

① 数据来源：WIND 金融终端。

总获利就是 3 万元。

此外，"打新"名义上是一门无本生意，但实际上还是需要资金投入的。交易所对投资者申购新股有"底仓"的要求，根据最新规定，每 5000 元上交所（深交所）市值可申购 1 签上交所（深交所）新股，每签新股为 500 股。也就是说，如果我们在每一只新股发行时都想申购 1 万股，那就必须长期持有沪深两市各 10 万元市值的股票作为底仓。

这时可以简单计算"打新"年化收益率的理论数值是 3 万除以 20 万等于 15%。虽然这需要我们 1 年点 250 次 APP，收益率的绝对水平还是可以的。

但要说明的是，以上计算只是为了让大家理解"打新"收益率的计算逻辑和大致水平，过程中很多参数都是靠"拍脑袋"得出的，应该与不断变化的实际情况有比较大的出入。

在现实中，政策和市场环境的变化都会对"打新"的中签率、中签收益等带来比较大的影响。比如注册制实行后，每年发行的新股数量在未来将会是上升趋势，但中签率可能会相应地下降；又比如前不久上交所将主板新股申购每 1 签的股票数由 1000 股调整为 500 股，看似让投资者申购的签数变多了，对提升中签率有帮助，但每次中签带来的绝对收益又变少了。但这些都无法改变"打新"是一个小概率游戏的事实，中签吃肉，没中吃土。

最后要提示大家的是，"打新"并不是稳赚不赔的生意，也有亏钱的可能。这里的亏损主要来自两个方面。一是"打新"底仓市值波动的损失。如果底仓选烂了，"打新"挣的那点钱可能远远填不上底仓下跌带来的亏空。二是新股"破发"的问题。随着注册制落地，新股上市后就跌破发行价的情况将越来越普遍。

在新股 IPO 还处于审批制的时候，询价机构之间会默认一个"新股发行价不超 23 倍市盈率"的规则，新股上市发行价被刻意地压低。然后注册制来了，23 倍规则被打破，新股定价的发行市盈率水涨船高，但有没有投资者买账就另说了。2021 年 A 股市场首日破发比例只有 4%，2022 年这一比例达到了 29%，2023 年以后创业板的破发比例更是高达四成。有人"打新"时甚至连上市公司是干什么的、叫什么名字都不管，无脑申购，以后可能要吃大亏。

"打新"有点像是一个"顺手"的买卖，如果我们本来就在做股票投资，天然有底仓，还是可以试试的，中签了小赚一笔，没中也没什么损失。但由于"打新"的结果高度不确定，注定它只能作为一种辅助的投资手段。

前面关于"打新"的讨论主要是针对散户，对于机构投资者来说，游戏规则会发生变化。简单来说，机构投资者参与的是网下配售，散户则是在网上申购。

不要小看网下和网上的一字之差。在网下配售中，每家机构申购后获配新股的数量，都是按照"可配售数／总申购数"这个比例计算的，这个"获配比率"一般也只有万分之几[①]，看起来跟网上中签率的量级差不多，它的含义却和中签率完全不同。获配比率并不是一个概率值，而是一个确定的分配比例，获配比率 0.03% 意味着只要在网下申购 1000 万股，必然能获配 3000 股。也就是说，网下"打新"没有买不买得到的问题，只有能够买多少的问题。

根据一些基金经理在公开场合的表述，网下"打新"操作 1 年能够给基金带来 6%~8% 的稳定收益率，这就是一个不错的收益增强策略了。当然，网下打新也没有想象中那么简单，还是有诸多细节。举个例子，网下打新的申购报价是有准确度要求的，报价太高或者太低，申购行为就可能被认定为"无效申购"，之前的活也就白干了。

---

① 以 2023 年 4 月上市的世纪恒通为例，当时参与网下配售询价的申购数量合计 509 亿股，最后获配的新股数量是 1270 万股，获配数量和申购数量之比为 0.025%。

总结和启示

1. "另类投资"面临的最主要的问题是另类资产通常缺少活跃的交易市场和靠谱的定价逻辑，这导致它们的价格是"虚幻"的。

2. 成功的私募股权投资（PE）能创造大量财富，但一是成功之前我们得忍受漫长的等待，二是等来的不一定都是成功。

3. 从历史数据来看，黄金的投资收益率只能勉强战胜通胀。展望未来，黄金究竟应该值多少钱将是一个越来越难回答的问题。

4. 商品期货等金融衍生品天然带着高杠杆，一旦发疯价格能跌成负数，让投资者赔光本金后还继续欠钱。

5. 比特币投资就是一项赌博游戏，没人知道比特币值多少钱。

6. REITs不仅自己会遇到被过度追捧和投资泡沫的问题，其底层资产的现金流也并非想象中那么稳定。

7. "打新"是一种特别的投资手段，散户"打新"的收益率非常飘忽，想挣钱需要长期坚持；同时因为底仓波动和新规"破发"的影响，也并不是总能挣到钱。

Date: No:

结　语

不当"韭菜"的三板斧

到现在为止，我们已经熟悉了很多在投资旅途中可能遇到的偏见和误区。下一个问题，当然是应该如何破除或者回避它们？

我们首先需要拿出自己的怀疑精神，这也是为什么本书大部分标题都以问号结尾。对陌生人的不信任、对未知领域的敬畏，是我们每个人与生俱来的天赋，它天然在保护着我们不受伤害，这非常珍贵，我们需要善加利用它。

如果能面对云谲波诡的金融市场勇敢地说一句，"嗨！别以为我好糊弄"！那便是我们学会投资的第一步。

接下来，我们将列举一些有益的思维方式，它们都源自对投资失败的痛苦回忆和深刻怀疑。这些经验，能帮助我们从投资圈的"韭菜"变成"大树"。

1. "分散"投资，平滑收益

现代投资理论认为分散投资是稳定收益率的关键，这也是投资风险控制的精髓。如果我们翻开一本投资学的教科书，会发现绝大部分篇幅并不是在告诉我们该如何获得更高的收益，而是在说怎样才能通过分散投资，让组合收益率的变化更加平滑。

对分散投资最简洁的解释，就是"不要把鸡蛋放在同一个篮子里"。这是因为，任何一个单一的投资标的都有可能遭遇"黑天鹅"，像债券违约、股票退市、企业业绩爆雷这样的事件，即使发生的概率很小，一旦撞上却能带来巨大的、不可逆的损失，投资集中度过高并不是什么明智之举。

买一篮子股票的组合是赶跑"黑天鹅"的好方法，但实际操作起来却会发现这比较麻烦。好在聪明的投资者们已经开发出一些先进的投资工具，如 ETF 和 FOF，把这件事情变得简单了。

ETF 的全称是"交易型开放式指数基金（Exchange Traded Fund）"，是一种跟踪"标的指数"变化且在证券交易所上市交易的基金。它会按照各种市场指数、行业指数、概念指数的成分去购买篮子资产，然后把它们平均"分"给每一个 ETF 基金份额。很显然，在这种情况下任何一项资产出问题，哪怕价值归零，都不会对 ETF 的净值产生致命的影响，它的亏损被其他资产的收益"吸收"了，投资者就能免于血本无归。除了在风控上有优势，ETF 还有很多其他的好处，比如买卖简单、费率低等。

FOF 的全称是"基金中基金（Fund of Funds）"①。较之投资者直接购买资产，基金结构本来就分散了一次投资，FOF则可以让普通投资者投资于一个基金的组合，在更高层面上再一次分散了投资，能有效起到平滑收益率的作用。不过，由于 FOF 投资基金要收一遍管理费、申购费、赎回费，投资者投资 FOF 又要收一遍，投资 FOF 的中间成本天然要比其他类型的资产高一些。FOF 只有依靠优选基金而获得的超额收益把高成本覆盖住，才能显现出吸引力，因此 FOF 管理人评价基金、选择基金的能力也很重要。

不论是 ETF 还是 FOF，它们的灵魂都在于用标的分散的方式稳定了某一类型资产的平均回报率。这很好地契合了"风险资产前沿"理论的要求——在预期收益率不变的情况下，风险更小的投资组合更好。

实践是检验真理的唯一标准，ETF 和 FOF 的先进性已在数据上显现出来。21 世纪以来美国股票 ETF 规模的年均复合增速超过 15%，远高于主动股票基金的 5%。在中国，2016年股票型 ETF 的总份额为 750 亿份，2022 年已超过 9000 亿份。20 世纪 90 年代时，FOF 在全世界都还是一个新生事物，后

---

① 2014 年 8 月，中国证监会正式发布的《公开募集证券投资基金运作管理办法》首次给了 FOF 一个官方解释："百分之八十以上的基金资产投资于其他基金份额的，为'基金中基金'。"

来美国 401K 计划催生了养老金稳定增值的需求，这与 FOF 分散风险、增强收益的特点刚好适配，FOF 规模在养老金的驱动下快速增长，2022 年末时已经达到了 3 万亿美元。我国的 FOF 市场起步晚，但发展也很快，2018 年各家公募基金才开始陆续发行 FOF，2022 年末总规模就已接近 2000 亿元。

注：根据 ICI 的数据，2022 年底美国 ETF 市场拥有 2844 只基金和 6.5 万亿美元的总净资产，占股票基金总规模已经接近 30%。若加上指数共同基金，被动基金的占比已超过一半。

图 6-1 美国市场 ETF 基金规模不断提升[1]

由于风险控制的优势明显，且操作上也很省心，具有标的分散特点的 ETF 和 FOF 会很有潜力成为普通人进行投资，尤其是权益性投资的终极答案。

除了投资于 ETF 和 FOF，还有一种分散投资的方式我们也常常听到，它叫作"大类资产配置"。

---

[1] 数据来源：美国投资公司协会。

　　大类资产配置可以视为标的分散的升级版。它的分散对象，不再是股票或者基金，而是不同类型的资产。按照大类资产配置的理念，投资者需要把有限的资金分配在房产、股票、债券和现金等不同类型的资产上。这些资产的价格处于一种此起彼伏的轮动状态，不同类型资产之间价格涨跌的关联却不大，当把这些资产视为一个整体组合时，我们就会惊奇地发现收益率能在多年中保持相对稳定，而且组合的波动性还会随着新资产注入而降低。

　　通过大类资产配置，我们还能根据投资者的预期收益率要求和风险厌恶程度，"制作"出具有不同收益风险特征的资产组合，如当下很流行的"固收 +"基金。

　　"固收 +"中既有"固收"又有"+"，前者依靠配置大额存单、债券等固定收益产品来实现，负责给收益率打底，它决定下限；后者依靠配置股票、权益基金、可转债等权益类资产来实现，负责利用交易价差把收益率抬升，它决定上限。"固收 +"中的"+"，除了"+ 资产"也可以"+ 策略"，如打新以及量化择时等。

　　"固收 +"基金近几年很受投资者欢迎。2018 年底，我国"固收 +"基金总规模还不到 5000 亿元，2021 年第四季度已经激增到了 2.3 万亿元，进入 2023 年后受权益市场影响规模有所下降，但依旧维持在 2 万亿元上下。"固收 +"基金规模高速增长的原因，并不是它多么能挣钱，而是它适应了新形势下投资者需求的变化。

随着无风险利率下行，很多投资者都希望能博得一个高一点的收益率，起到抗通胀的效果。即使是多承受一点回撤风险，也比"越存越穷"要好吧。"固收+"产品在尽量让投资者不亏钱的同时，去把投资收益率拉到比银行理财高一个档次的水平。从存续"固收+"基金的业绩表现来看，在正常年份，主流的收益率水平一般在 5%~8%，比银行理财高不少，最大回撤幅度可以控制在 5% 以内，关键是门槛不高也能买得到。

当然，市场极度不好的时候，比如 2023 年，"固收+"也有可能变成"固收−"，甚至是负收益，这也是需要提醒大家注意的。不过，相较于同期股票市场的表现，"固收+"基金的投资者又会觉得万幸了。

2. 借助"量化"，管住双手

我们在做一笔投资决策的时候，都觉得自己是个圣人。觉得在最好的时机选择了最好的资产，但结果往往事与愿违。比如在股票投资中，已经有许许多多的研究成果告诉我们，散户极难通过"择时"来获得正收益，而"买了就跌，卖了就涨""买谁谁跌，卖谁谁涨"的困惑也时时萦绕在我们身边。其中，很大程度上是因为情绪因素在那里作妖。本书曾在"为什么投资者爱'上头'"一节中提到过，情绪就像一个钟摆，不是过于悲观，就是过于乐观，总没有理智中性的时候。投资者身处情绪钟摆的两头时，又如何能做出正确的决定呢？

虽然我们知道在投资中进行情绪管理是如此重要，事到临头却又做不到。"人不能两次踏进同一条河流"那是哲学家说的，多数人都在一而再再而三地犯错误。为了防止自己"上头"，人们想尽了各种办法。最简单的办法就是把自己的双手给限制起来，不要去瞎折腾。

在投资圈有一种神奇的"忘记密码法"，经常能够收到奇效，已经有很多幸运的股民亲身实践过了。如果止不住手痒，买一只长期封闭的基金也不错，不想自找心烦的话，最好连净值报告都不要看。

还有一类被称为"定投"的产品，经常在银行和证券公司有卖，这里要隆重介绍一下。所谓定投，是指在固定的时间（通常是每月）以固定的金额投资到股票、基金等金融资产中。这些资产所处的交易市场时冷时热，进行定投的投资者有时会买在市场的高点，但同样也可能买在市场的低点，但最后高低相抵，投资者就能获得一个比较稳定的长期收益率。但定投产品最大的作用却还不是平滑波动，而是"到点扣钱，扣少了不行，扣多了不要"的半强制性规则，也可以帮助我们避免被情绪干扰。

随着大数据和 AI 技术的发展，近几年"量化投资"越来越为人们所熟知。这一背靠计算机技术快速发展的新投资手段，已成为帮助我们战胜情绪的"利器"。

"量化投资"是指通过建立模型、利用计算机程序发布指令而产生的投资方式，也就是说，什么时候该买、什么时候该卖，买什么、卖什么都是由计算机说了算。其实，我们在前面提到的"定投"，乃至于"忘记密码法"，也有"量化"的元素在里面。

当然，目前在市场中的实际应用量化投资策略要复杂得多。最常见的量化投资策略包括"量化选股""量化择时""统计套利"等。

"量化选股"解决的是让计算机决定买什么资产的问题。其原理在于通过对历史数据的统计分析，找到那些与"好股票"关系最密切的共性因子，如上市公司的市盈率、净利润增速、股权结构、管理层学历等，再利用这些因子建立一些程序化的交易规则，如"对于'市盈率低于 X，净利润增速高于 Y，高管中硕士以上比例超过 Z，……'的股票可以建仓买入"。

"量化择时"解决的是让计算机决定什么时候买卖资产的

问题。其隐含假设是在"非理性"投资者的共同努力下，市场是存在趋势的，只要顺势而为或切入反转，就能够获得超额收益。像均线的结构、K线图的形态、交易量的变化等信息，经过数学语言描述，都可以成为计算机能够读懂的操作指令。"量化择时"的起源正是在前面提到过的"技术分析"，一些简单的技术分析规则，比如"在股价20日均线的支撑位买入"，都可以视为"量化择时策略"。

"统计套利"关心的是资产价格对某个价值中枢的"偏离"。简单设计一个案例来说明"统计套利"是如何进行的：统计分析发现长期来看某个国家的股票大盘指数和广义货币（M2）增速的变化趋势是保持一致的，那么当M2增速快速增加股票指数却趴着没动，且两者之间的"偏离"达到一定程度的时候，计算机就可以发出"买入股票"的信号了。

现在市场里这么多的量化基金，它们正在做的事情，就是在海量的、形形色色的市场信息中挖掘出被历史数据证明的、能赚到钱的投资策略。然后再用这些投资策略去挣钱。

"量化投资"最重要的存在意义，在于计算机不会出现由于情绪导致的非理性错误，也就避免了因为投资者瞎折腾导致的亏损。既然人无法在投资中保持冷静，就干脆别让人去做这件事。过去10年间，"量化投资"从零起步，已经用漂亮的成长曲线证明了自己，根据《中国量化投资行业发展报告》，2020 年我国量化投资规模已经达到了 1.5 万亿元，其中 1.2 万亿元为股票量化投资，占整个公募基金规模的 6.5%。有媒体披露，当下 A 股市场中已经有 40% 的成交量都是通过程序化交易实现的，这是一个很惊人的数字。

除了"量化投资"，"智能投顾"也是当下一个很网红的概念。"智能投顾"把人工智能导入传统的投资顾问服务，也算一种特殊的"量化投资"，只不过较之绝对收益，它更侧重的是用户体验。AI 算法可以根据服务对象的收益要求、风险承受水平、投资期限、家庭情况来给出具体的资产配置建议，有的智能投顾平台还可以在用户授权的情况下支持"一键买入"，把选资产、做配置这些专业门槛很高的事情变得"傻瓜化"，也避免了投资决策受到情绪的影响。

AI 技术的大发展正在让"量化投资""智能投顾"的声势走向巅峰。投资本来是一个对外部信息进行综合处理、加工、形成决策的过程，非标准化的程度很高，有点像艺术。让计算机去拟合专业投资者的思考方式并不容易。但这两年 AI 技术有了像 ChatGPT 这样的重大突破，计算机能够处理越来越复杂的、非标准化的工作，即使在投资领域，计算机和"真人"之间的距离也在缩小。

不过，"量化投资""智能投顾"的大发展也带来了新的问题。本来普通投资者和基金经理等专业人士之间就存在信息不对称，人工智能这个"大黑箱"的介入又进一步放大了信息不对称；这可能带来严重的道德风险，让大众投资者"莫名其妙"地亏钱。况且，投资市场的高度 AI 化会产生什么终极后果现在也很难预知——究竟是"有效市场"的理想国会变成现实，还是市场会发生可怕的同频共振。

3. 别沉迷于投资"技术"

我们在上幼儿园时就听过"龟兔赛跑"这个故事。老师在讲完故事后一定会问：兔子为什么会输给乌龟呢？然后小朋友们会异口同声地回答——因为乌龟一直在爬，兔子虽然跑得快，但它会睡觉。

时隔多年，我们才发现这则寓言故事是多么深刻。投资，何尝不是一场"龟兔赛跑"呢？

不少人都曾经靠投资挣过大钱，但时间一长，他们中间的大多数就销声匿迹了。我们总以为金融行业博大精深，必须才华横溢才能游刃有余；到最后才发现，真正决定胜负的并不是"才华"，而是在牌桌上坚持的时间是不是足够长。正如乌龟每一次只走出一小步，假以时日就能战胜兔子。

几乎所有亏钱的教训，都与投资者"喜欢兔子，鄙视乌龟"有关。我们想在投资圈里"过把瘾就走"，取得胜利却必须"结硬寨，打呆仗"。只有别想着挣超越常识的钱，别想着挣超出风险承受能力的钱，别想着挣太多的钱，才能靠投资挣到钱。投资者不踩雷或者少踩雷，就能够获得不弱于大多数基金经理的投资收益。

听财商课程听得多了，容易执着于投资之"术"而去算细账，但这对普通人来说毫无意义。试想一下，假如我们只有 10 万元的存款，年化收益率是 2.8% 还是 3.0% 的差异很大吗？不过 200 元钱而已！把这本书读到这里已经花了很多时间了，相信没有任何一个人只是为了多赚 200 元。就算把这个差距扩大 10 倍，也不足以让人生有什么实质改变。

我们每个人的命运都不是一帆风顺的，说不定什么时候就不得不要花上一大笔钱，这将轻易打断财富积累的节奏。而人生又是如此短暂，还没等到复利效应发挥威力的时候，也许就快要走完了。世界上最悲惨的事情莫过于"钱还在，但人没了"。

所以，投资之"术"，其实没那么重要。

对于非金融从业者，压根没有必要去学习太多的金融专业知识。与其把时间和精力用在技术细节上，不如去做那些真正重要的事情。

真正能实现财富自由的方式是"解放自己"，这个说法听起来很"鸡汤"，好像也和财富没啥关系，却是真正的生财之道。

一是像"一个人能有多缺钱""有钱了能有多快乐"这样的问题，很多时候都和我们的主观认识有关系。在本书开头我们就提到了"FIRE"的理念，它实际上并没有推崇财富自由（"FIRE"准确的音译是"财务独立、提前退休"），而是强调我们应当把财富变成我们追求理想生活的工具，而不是为了挣钱扭曲个性。需要多少财富，则完全取决于我们对于幸福的领悟。

"有钱能不能自由""钱能不能买到幸福"已经是老生常谈的问题了，有些人有很多钱，但其实他们一点也不自由。而真的只有那些名贵的包包、富丽堂皇的酒店、天南地北的珍馐，才能让我们快乐吗？为什么呢？

二是能带来额外收入的不仅仅有金融资产——股票账户里的数字或者抽屉里的房产证，还有一些"资产"一直都隐藏在我们自己身上呢！我们羡慕那些明星，露个脸就能挣很多钱；也羡慕那些网红大 V，靠着 IP 分成获得不菲收入。分析他们实现财富自由的方式，实际上是把自己变成了"行走的资产"。

我们只需要花一些时间，也完全有机会把自己"资产化"。积累并发挥我们在某一个领域的专业优势，是最靠谱的方式。世界上有一种神奇的"专业溢价效应"，如果你位于专业金字塔的底层，那你只能获得劳动市场的平均报酬；如果你处于专业金字塔的前 10%，那你可以获得数倍于平均报酬的报酬；如果你爬到了专业金字塔的尖尖上，那请随便开价好了。

NBA 的球员薪酬就是一个典型的例子，一支球队里最厉害的一两个球星会占据超过一半的薪金空间，而其他一些角色球员只能拿到零头。

我们必须选择一个正确的方向，然后不断地投入，让自己变成"行走的资产"。中国人从来不缺少天赋和勤奋，想要走到专业金字塔的顶端无疑竞争激烈。但没有关系，只要我们能够成为前 10% 就非常好了。一般来说，个人资产化速度要比靠投资积累财富的速度快不少。

"投资"其实并不足以承载投资者过高的期待，也没有能力将我们送上财富自由的金字塔。比起我们的豁达、勇敢以及对世界发自内心的热爱，金融投资只能起到锦上添花的效果。

于是，放下这本书之后，就去做一只投资圈的"乌龟"，去热爱我们的事业和生活吧。